INITIUM

T0384783

FORUM RŌMĀNUM

INITIUM

A FIRST LATIN COURSE ON THE DIRECT
METHOD, TO WHICH IS APPENDED A
BOOK OF EXERCISES AND SOME
GRAMMAR QUESTIONS

BY

R. B. APPLETON, M.A.

CHIEF CLASSICAL MASTER AT THE
PERSE SCHOOL

SECOND EDITION, REVISED

Non invisa feres pueris munuscula parvis
HORACE

CAMBRIDGE
AT THE UNIVERSITY PRESS
1926

CAMBRIDGE
UNIVERSITY PRESS

University Printing House, Cambridge CB2 8BS, United Kingdom

Cambridge University Press is part of the University of Cambridge.

It furthers the University's mission by disseminating knowledge in the pursuit of education, learning and research at the highest international levels of excellence.

www.cambridge.org
Information on this title: www.cambridge.org/9781316603734

© Cambridge University Press 1926

First editon 1916
Second edition 1926
First paperback edition 2015

A catalogue record for this publication is available from the British Library

ISBN 978-1-316-60373-4 Paperback

PREFACE TO THE FIRST EDITION

THIS book is intended for Latin beginners who have spent a fortnight on purely oral work without seeing any text-book. How the preliminary lessons are conducted will be found in the "Teacher's Companion to *Initium*" published along with this volume.

The sections mark stages in the work, not separate lessons. The division into lessons must be made by the teacher himself so as to suit the peculiar needs of his class.

R. B. A.
W. H. S. J.

1 *January* 1916

PREFACE TO THE SECOND EDITION

THIS book is now in four parts: narrative, grammar, sentences, and grammar papers.

The First Part. Sections I, II, IV, VIII, XII, XVI and XVII of the narrative are new, and will—it is hoped—provide an easier method of approach to the mastery of elementary Latin, than did the sections which they displace. The change has been made as the result of further class-room experience, which showed the need both of simplification and of amplification. Nothing need here be said about this new material, except that the teacher will, of course, take care that the class contains the names required by the second of the simple dialogues, with which the book now opens.

An attempt has been made, in the additional exercises inserted in the body of the text, to provide the teacher with a little more guidance than was given in the first edition. Much oral work[1] should accompany the reading of the text, and a great deal must necessarily be left to the initiative of the individual teacher. The present edition tries to steer midway between the fault of stereotyping things to such an extent that they become dull, and the equally grave fault—of which the first edition was guilty —of failing to give sufficient guidance to the teacher.

Experience shows the necessity of insisting upon the importance of oral work in teaching on direct method lines. The early dialogues in this book should be run through orally before being read; they are really included in the book only as an indication of the sort of oral work recom-

[1] This is fully described in *Latin on the Direct Method*, by W. H. D. Rouse and R. B. Appleton (London Univ. Press), 7s. 6d. net.

mended. And throughout the course new points should be introduced orally before they are encountered in the text. For example, on page 20 the present participle is introduced for the first time by the following example:

   { Mārcus lūdit.
   { Mārcum lūdentem videō.

But, of course, the efficient direct method teacher will avail himself of what he actually sees before his eyes in his own class-room. This may seem a small point, but it is an important principle of the direct method.

The Second Part contains, as before, a conspectus of the grammar used in the narrative. It is assembled here for convenience of reference and of revision, though it is also inserted at the end of each section of the narrative that the teacher may readily see what grammar has to be known at the different stages. Except for the correction of an oversight this part of the book is the same as in the first edition.

The Third Part consists of English sentences to be turned into Latin, and is new. The occasional use of such sentences is advisable even for those teaching on the direct method, while they are essential for all who, owing to the necessity of preparing for some such examination as the School Leaving Certificate, find themselves bound to use only a modified oral method. It is hoped that the addition of this part will enable the book to be used by those who found the first edition unsuited to their needs.

The sentences are very carefully graded, using only the grammar and the vocabulary of the section under which they are grouped. When the section contains new grammar Exercises A and B practise nothing but the new point, while C and D mingle this with points previously learnt.

These English sentences are a deliberate effort to inculcate grammatical accuracy. If they are never used, the pupils will remain in a state of blissful uncertainty about such things as endings, but if a few sentences are frequently given to be translated from English into Latin as homework, or if a few are so translated orally at the beginning of each lesson, a sound foundation will be laid. Let none think that such a procedure is inconsistent with the direct method; the important thing is simply to avoid a jumble of Latin and English, but there is nothing to prevent a few minutes at the beginning or end of every lesson being set apart for the sort of practice here advocated. Of course, if the teacher prefer it, he may, at the completion of the different sections of the book, devote the whole of occasional lessons to such work. But this is not likely to be so effective as more intermittent, but more frequent, practice.

The Fourth Part is also new and consists of grammatical test-papers, one for each section. These are not meant to be worked through in their entirety; it is suggested that a weekly test be given, and the teacher can choose just those questions from each paper which the class has shown itself most to need.

Those who find the songs given at the end of this book a useful help in their teaching should get Dr Rouse's *Chanties in Greek and Latin* (Blackwell, Oxford. 2s. 6d. net).

I wish to record in no perfunctory way my sincere gratitude to my friend Dr W. H. S. Jones, in collaboration with whom I produced the first edition of this book, for his generous permission to reproduce from that edition the *Iter Aerium* of § xv and the tables on pp. 65 and 66.

R. B. A.

8 *January* 1926.

CONTENTS

PLATES

PARS PRĪMA

NĀRRĀTIŌ

I

DIALOGUS DĒ CORPORE

Dēclinātiō secunda.   Cāsus nōminātīvus et accūsātīvus.

M. = magister. *D.* = discipulus.

M. Hīc est nāsus. Quid est?
D. Nāsus est.
M. Nāsum tangō. Quid tangō?
D. Nāsum tangis.
M. Hīc est oculus. Quid est?
D. Oculus est.
M. Oculum tangō. Quid tangō?
D. Oculum tangis.
M. Hīc est capillus. Quid est?
D. Capillus est.
M. Quid tangō?
D. Capillum tangis.
M. Hīc est digitus. Quid est?
D. Digitus est.
M. Quid ērigō?
D. Digitum ērigis.
M. Quid premō?
D. Digitum premis.
M. Hī sunt oculī. Quī sunt?
D. Oculī sunt.
M. Oculōs claudō. Quid claudō?
D. Oculōs claudis.
M. Quid aperiō?
D. Oculōs aperīs.
M. Hī sunt digitī. Quī sunt?
D. Digitī sunt.

M. Quid ērigō?

D. Digitōs ērigis.

M. Quid premō?

D. Digitōs premis.

M. (*ūnum modo ērigēns*). Quid nunc ērigō?

D. Digitum ērigis.

M. Quid premō?

D. Digitum premis.

M. Quī sunt hī?

D. Digitī sunt.

M. Quid ērigō?

D. Digitōs ērigis.

M. Quid est hīc?

D. Digitus est.

M. Nunc librōs claudite et sine librīs respondēte.

Magister eadem iterum interrogat; deinde puer quidam partes magistri agit et omnes iterum respondent, primo cum libris, deinde sine libris.

EXERCITATIO

Haec nōmina ante verbum *video* aut dīcite aut scrībite.

Exemplum : magister.   puerī multī.
          magistrum videō.   puerōs multōs videō.

nāsus māgnus; oculī caeruleī; capillus longus; digitī sordidī; liber parvus; librī māgnī; nāsī longī; oculus niger; digitus medius; discipulus stultus; discipulī stultī; magister doctus; magistrī doctī; puer parvus; puerī parvī; libellus ruber; libellī rubrī; digitus minimus; digitī minimī; stomachus rotundus; stomachī rotundī.

DIALOGUS DĒ DISCIPULĪS

Dēclīnātiō secunda, cāsus genitīvus et datīvus.

M. Mārcī libellus est. Cūius est libellus?

D. Mārcī est libellus.

M. Mārce, cape libellum tuum. Cūius libellum capit Mārcus?

D. Suum libellum capit Mārcus.

M. Mārce, Sextō libellum tuum dā. Cuī Mārcus libellum suum dat?

D. Sextō Mārcus libellum suum dat.

M. Quis libellum suum Sextō dat?

D. Mārcus libellum suum Sextō dat.

M. Quis libellum Mārcī capit?

D. Sextus libellum Mārcī capit.

M. Cūius libellum capit Sextus?

D. Mārcī libellum capit Sextus.

M. Quīnte, tange capillum Decimī. Cūius capillum tangit Quīntus?

D. Decimī capillum tangit Quīntus.

M. Quis Decimī capillum tangit?

D. Quīntus Decimī capillum tangit.

M. Quid tangit Quīntus?

D. Capillum Decimī tangit Quīntus.

M. Sexte, cape libellum Mārcī et Quīntō dā. Cūius libellum capit Sextus?

D. Mārcī libellum capit Sextus.

M. Cuī Sextus libellum Mārcī dat?

D. Quīntō Sextus libellum Mārcī dat.

M. Quid Sextus Quīntō dat?

D. Libellum Mārcī Sextus Quīntō dat.

M. Cūius libellum Sextus Quīntō dat?

D. Mārcī libellum Sextus Quīntō dat.

M. Quis libellum Mārcī Quīntō dat?

D. Sextus libellum Mārcī Quīntō dat.

M. Libellōs discipulōrum colligō. Quid colligō?

D. Libellōs discipulōrum colligis.

M. Quōrum libellōs colligō?

D. Discipulōrum libellōs colligis.

M. Discipulīs libellōs distribuō. Quibus libellōs distribuō?

D. Discipulīs libellōs distribuis.

M. Quid discipulīs distribuō?

D. Libellōs discipulīs distribuis.

M. Nunc librōs claudite et sine librīs respondēte.

Magister eadem iterum interrogat. Mox discipulus quidam partes magistri agit, et omnes iterum respondent, primo cum libris, deinde sine libris.

DIALOGUS DĒ CELLĀ

Dēclīnātiō prīma. Cāsus nōminātīvus et accūsātīvus.

M. Decime, aperī iānuam. Quid Decimus aperit?

D. Iānuam aperit Decimus.

M. Quis iānuam aperit?

D. Decimus iānuam aperit.

M. Haec est crēta. Quid est?

D. Crēta est.

M. Cape crētam, Sexte, et Mārcō dā. Quis crētam capit?

D. Sextus crētam capit.

M. Quid est id quod Sextus capit?

D. Crēta est id quod Sextus capit.

M. Cuī crētam dat Sextus?

D. Mārcō crētam dat Sextus.

M. Quid Mārcō Sextus dat?

D. Crētam Mārcō Sextus dat.

M. Mārce, claude fenestram. Quis fenestram claudit?

D. Mārcus fenestram claudit.

M. Quid claudit Mārcus?

D. Fenestram claudit Mārcus.

M. Quid est id quod **Mārcus** claudit?

D. Fenestra est id quod **Mārcus** claudit.

M. Fenestra nunc est clausa. Quālis est fenestra?

D. Clausa est fenestra.

M. Quīnte, tange fenestram clausam. Quis fenestram clausam tangit?

D. Quīntus fenestram clausam tangit.

M. Quid tangit Quīntus?

D. Fenestram tangit Quīntus.

M. Quālem fenestram tangit Quīntus?

D. Clausam fenestram tangit Quīntus.

M. Crēta est alba. Quālis est crēta?

D. Alba est crēta.

M. Quid tollō?

D. Crētam tollis.

M. Quālem crētam tollō?

D. Albam crētam tollis.

M. Sexte, spectā fenestrās. Quis fenestrās spectat?

D. Sextus fenestrās spectat.

M. Quid spectat Sextus?

D. Fenestrās spectat Sextus.

M. Nunc librōs claudite et sine librīs respondēte.

Magister eadem iterum interrogat. Postea discipulus quidam partes magistri agit, et omnes iterum respondent, primo cum libris, deinde sine libris.

EXERCITATIO

Ante verbum *videō* aut dīcite aut scrībite haec nōmina: crēta alba; fenestrae apertae; nāsus longus; iānua clausa; iānuae clausae; digitī multī; digitus ūnus; mēnsa alta; mēnsae altae; tabula nigra; tabulae nigrae; magister benīgnus; magistrī benīgnī; iānua aperta; iānuae apertae; comae nigrae; rosa pulchra; rosae pulchrae; puer parvus; puella parva; puerī parvī; puellae parvae.

DIALOGUS DĒ ALIĪS MEMBRĪS CORPORIS

Dēclīnātiō tertia. Cāsus ablātīvus.

M. Quae sunt membra corporis?

D. Digitus, oculus, nāsus sunt membra corporis.

M. Bene respondēs. Quid nāsō facimus?

D. Olfacimus nāsō.

M. Quō īnstrūmentō olfacimus?

D. Nāsō olfacimus.

M. Quid nāsō olfacimus?

D. Odōrem nāsō olfacimus.

M. Quālem odōrem nāsō olfacimus?

D. Bonum odōrem et malum nāsō olfacimus.

M. Quot habēs oculōs?

D. Duōs habeō oculōs.

M. Quid oculīs facis?

D. Videō oculīs.

M. Quibus īnstrūmentīs vidēs?

D. Oculīs videō.

M. Quid oculīs vidēs?

D. Discipulōs et magistrum oculīs videō.

M. Quot discipulōs et quot magistrōs oculīs vidēs?

D. Multōs discipulōs et ūnum magistrum oculīs videō.

M. Quot digitōs habēs?

D. Decem digitōs habeō, quīnque ā sinistrā et quīnque ā dextrā.

M. Quid facis digitīs?

D. Stilum et libellum digitīs teneō.

M. Quibus īnstrūmentīs stilum et libellum tenēs?

D. Digitīs stilum et libellum teneō.

M. Aurēs et pēs et ōs sunt alia corporis membra. Quae sunt alia corporis membra?

D. Aurēs et pēs et ōs sunt alia corporis membra.

M. Quot habēs aurēs?

D. Duās habeō aurēs.

M. Quid facis auribus?

D. Audiō auribus.

M. Quibus īnstrūmentīs audīs?

D. Auribus audiō.

M. Quid auribus audīs?

D. Sonum auribus audiō.

M. Quot habēs pedēs?

D. Duōs habeō pedēs.

M. Quid facis pedibus?

D. Ambulō pedibus.

M. Quibus īnstrūmentīs ambulās?

D. Pedibus ambulō.

M. Et quid ōre facimus?

D. Edimus ōre.

M. Quid in ōre est?

D. In ōre est lingua, et dentēs.

M. Quid linguā facimus?

D. Respondēmus linguā.

M. Quō īnstrūmentō respondēmus?

D. Linguā respondēmus.

M. Quid dentibus facimus?

D. Mordēmus dentibus.

M. Quibus īnstrūmentīs mordēmus?

D. Dentibus mordēmus.

M. Quid dentibus mordēmus?

D. Cibum dentibus mordēmus.

M. Nunc librōs claudite et sine librīs respondēte.

Magister eadem iterum interrogat; deinde puer quidam partes magistri agit et omnes iterum respondent, primo cum libris, deinde sine libris.

Ars Grammatica

Adiectīvum

Singulāriter.	M.	F.	N.
Nōm.	parvus	parva	parvum
Voc.	parve	parva	parvum
Acc.	parvum	parvam	parvum
Gen.	parvī	parvae	parvī
Dat.	parvō	parvae	parvō
Abl.	parvō	parvā	parvō
Plūrāliter.			
Nōm.	parvī	parvae	parva
Voc.	parvī	parvae	parva
Acc.	parvōs	parvās	parva
Gen.	parvōrum	parvārum	parvōrum
Dat.	parvīs	parvīs	parvīs
Abl.	parvīs	parvīs	parvīs

Nōmina

Singulāriter.	II (m).	I (f).	II (n).
Nōm.	libellus	fenestra	verbum
Voc.	libelle	fenestra	verbum
Acc.	libellum	fenestram	verbum
Gen.	libellī	fenestrae	verbī
Dat.	libellō	fenestrae	verbō
Abl.	libellō	fenestrā	verbō
Plūrāliter.			
N.V.	libellī	fenestrae	verba
Acc.	libellōs	fenestrās	verba
Gen.	libellōrum	fenestrārum	verbōrum
Dat.	libellīs	fenestrīs	verbīs
Abl.	libellīs	fenestrīs	verbīs

Cassius, voc. Cassī, gen. Cassiī

Dēclīnātiō Tertia

pēs, pedis (*m.*).   corpus, corporis (*n.*).

Singulāriter.

N.V.	pēs	corpus
Acc.	pedem	corpus
Gen.	pedis	corporis
Dat.	pedī	corporī
Abl.	pede	corpore

Plūrāliter.

N.V.	pedēs	corpora
Acc.	pedēs	corpora
Gen.	pedum	corporum
Dat.	pedibus	corporibus
Abl.	pedibus	corporibus

Modus Imperātīvus

	I	II	III	IV
Sing.	pulsā	sedē	surge	aperī
Plūr.	pulsāte	sedēte	surgite	aperīte

EXERCITATIONES

1. Quō īnstrūmentō olfacimus?
2. Quibus īnstrūmentīs vidēmus?
3. Quot digitōs habēs?
4. Quibus īnstrūmentīs audīmus?
5. Quid facimus pedibus?
6. Quō īnstrūmentō respondēmus?
7. Quibus īnstrūmentīs mordēmus?
8. Quot pedēs habēs?
9. Quot aurēs habēs?
10. Quot capita habēs?

Adde partēs vocābulōrum omissās.

1. Digit—, ocul—, nās— sunt membra corporis.
2. Odōr— nāsō olfacimus.

3. Bon— odōr— et mal— nāsō olfacimus.
4. Du— habeō oculōs.
5. Ambulō ped—.
6. In ōr— est lingua, et dentēs.
7. Cibum dent— mordēmus.
8. Aur— audīmus.
9. Mult— discipulōs et ūn— magistrum ocul— videō.
10. Ben— respondēs.

II

DIALOGUS DĒ PRŌNŌMINE RELĀTĪVŌ

M. Quis est discipulus quī bene intellegit?
D. Mārcus est discipulus quī bene intellegit.
M. Quis est discipulus quem laudō?
D. Mārcus est discipulus quem laudās.
M. Quī sunt discipulī quī bene possunt intellegere?
D. Eī bene possunt intellegere quī animum semper attendunt.
M. Quī sunt discipulī quōs reprehendō?
D. Discipulī quōs reprehendis animum nōn attendunt.
M. Quis est discipulus cūius librum teneō?
D. Quīntus est discipulus cūius librum tenēs.
M. Quī sunt discipulī quōrum capita tangō?
D. Mārcus et Sextus sunt discipulī quōrum capita tangis.
M. Quis est discipulus cuī librum dō?
D. Mārcus est discipulus cuī librum dās.
M. Quī sunt eī quibus chartam distribuō?
D. Discipulī sunt eī quibus chartam distribuis.
M. Quid est haec quam digitīs teneō?
D. Crēta est quam digitīs tenēs.
M. Quid est īnstrūmentum quō scrībimus?
D. Stilus est īnstrūmentum quō scrībimus.
M. Quae sunt membra corporis quibus ambulāmus?
D. Pedēs sunt membra corporis quibus ambulāmus.
M. Vidētisne fenestrās quae sunt apertae?

D. Vidēmus fenestrās quae sunt apertae.

M. Quālēs sunt fenestrae quās vidētis?

D. Apertae sunt fenestrae quās vidēmus.

M. Ubi sunt arborēs quārum frondēs cadunt?

D. In hortō sunt arborēs quārum frondēs cadunt.

M. Nunc librōs claudite et sine librīs respondēte.

Magister eadem iterum interrogat. Mox discipulus quidam partes magistri agit et omnes iterum respondent, primo cum libris, deinde sine libris.

EXERCITATIONES

Adde vocābulum omissum.

1. Lectus est id in —— dormīmus.
2. Puer —— praemium dō bene respondet.
3. Puer —— spectō est Mārcus.
4. Discipulī —— libellōs teneō sunt Mārcus et Sextus.
5. Discipulī —— libellōs dō sunt Mārcus et Sextus.
6. Puer —— caput pulsō est Decimus.
7. Puer —— hōc mihi dedit est Pūblius.
8. Puerī —— praemia dō sunt bonī discipulī.
9. Puellās —— videō nōn amō.
10. Membrum —— olfacimus est nāsus.

Cōniunge hās bīnās sententiās.

1. Liber est ruber; eum teneō.
2. Titus est puer; Titus artem grammaticam nōn amat.
3. Fenestrās spectāmus; fenestrae sunt apertae.
4. Mārcus est discipulus: praemium eī dō.
5. Orbilius est magister; Titus est discipulus Orbiliī.
6. Cassius et Brūtus sunt Rōmānī; eōrum linguam discimus.
7. Scūtum et gladius sunt arma; ea fert mīles.
8. Hominēs spectō; eī sunt mīlitēs.
9. Vōs bonī estis discipulī; vōbīs librōs dō.
10. Nōs magister docet; sapientēs sumus.

ARS GRAMMATICA

Prōnōmina.

	M.	*F.*	*N.*	*M.*	*F.*	*N.*
Singulāriter.				*Plūrāliter.*		
Nōm.	is	ea	id	eī	eae	ea
Acc.	eum	eam	id	eōs	eās	ea
Gen.	ēius	ēius	ēius	eōrum	eārum	eōrum
Dat.	eī	eī	eī	eīs	eīs	eīs
Abl.	eō	eā	eō	eīs	eīs	eīs
Singulāriter.				*Plūrāliter.*		
Nōm.	hīc	haec	hōc	hī	hae	haec
Acc.	hunc	hanc	hōc	hōs	hās	haec
Gen.	hūius	hūius	hūius	hōrum	hārum	hōrum
Dat.	huĭc	huĭc	huĭc	hīs	hīs	hīs
Abl.	hōc	hāc	hōc	hīs	hīs	hīs
Singulāriter.				*Plūrāliter.*		
Nōm.	ille	illa	illud	illī	illae	illa
Acc.	illum	illam	illud	illōs	illās	illa
Gen.	illīus	illīus	illīus	illōrum	illārum	illōrum
Dat.	illī	illī	illī	illīs	illīs	illīs
Abl.	illō	illā	illō	illīs	illīs	illīs
Singulāriter.				*Plūrāliter.*		
Nōm.	quī	quae	quod	quī	quae	quae
Acc.	quem	quam	quod	quōs	quās	quae
Gen.	cūius	cūius	cūius	quōrum	quārum	quōrum
Dat.	cuī	cuī	cuī	quibus	quibus	quibus
Abl.	quō	quā	quō	quibus	quibus	quibus
Singulāriter.				*Plūrāliter.*		
Nōm.	ipse	ipsa	ipsum	ipsī	ipsae	ipsa
Acc.	ipsum	ipsam	ipsum	ipsōs	ipsās	ipsa
Gen.	ipsīus	ipsīus	ipsīus	ipsōrum	ipsārum	ipsōrum
Dat.	ipsī	ipsī	ipsī	ipsīs	ipsīs	ipsīs
Abl.	ipsō	ipsā	ipsō	ipsīs	ipsīs	ipsīs

Singulāriter.			*Plūrāliter.*		
Nōm.	alius	alia	aliud	aliī	aliae	alia
Acc.	alium	aliam	aliud	aliōs	aliās	alia
Gen.	(alīus	alīus	alīus)	aliōrum	aliārum	aliōrum
Dat.	aliī	aliī	aliī	aliīs	aliīs	aliīs
Abl.	aliō	aliā	aliō	aliīs	aliīs	aliīs

Singulāriter.			*Plūrāliter.*		
Nōm.	alter	altera	alterum	alterī	alterae	altera
Acc.	alterum	alteram	alterum	alterōs	alterās	altera
Gen.	alterius	alterius	alterius	alter-[ōrum	alter-[ārum	alter-[ōrum
Dat.	alterī	alterī	alterī	alterīs	alterīs	alterīs
Abl.	alterō	alterā	alterō	alterīs	alterīs	alterīs

Singulāriter.			*Plūrāliter.*		
Nōm.	īdem	eadem	idem	eīdem	eaedem	eadem
Acc.	eundem	eandem	idem	eōsdem	eāsdem	eadem
Gen.	eiusdem	eiusdem	eiusdem	eōrun-[dem	eārun-[dem	eōrun-[dem
Dat.	eīdem	eīdem	eīdem	eīsdem *vel* īsdem		
Abl.	eōdem	eādem	eōdem	eīsdem *vel* īsdem		

III

DĒ DISCIPULĪS

Mārcus. Pater meus est mīles; pūgnat et patriam contrā hostēs dēfendit; fortior est tuō patre.

Sextus. Sed sapientior est pater meus, et frāter mihi est audācior patre tuō.

Manlius. Avunculus meus omnium est audācissimus.

Decimus. Sed sapientior est patruus meus; Graecam linguam intellegit.

Quīntus. Quid autem dē necessāriīs? Alius aliō prūdentior vel audācior; quis iūdicāre potest? Sed dē nōbīs ipsīs facile est iūdicāre. Quīn compa-

rāmus? Uter prōcērior est? [*Alter alterī statū-
ram suam comparat.*]

Mārcus.   Prōcērior sum Quīntō.

Manlius.   Sed ego prōcērior quam Mārcus.

Sextus.   Ego autem Manliō prōcērior sum.

Decimus.   Et ego tē prōcērior sum, Sexte.

Sextus.   Ita enim vērō. Nōn equidem invideō. Sapientior
saltem sum; mēns corporī praestat. Aenigmata
audīte, et solvere temptāte. Prīmum audīte
aenigma.

"Seu mea membra legis dextrōrsum, callide lēctor,
     sīve sinistrōrsum, semper habēs eadem.
māxima sum nāvī spēs, et fortūna colōnī,
     dē mē, dum crēscō, supplicat ille deō."
Potesne solvere, Manlī?

Manlius.   Minimē. Mārcum rogā. Ille mē est sapientior.

Mārcus.   Manliō fortāsse sapientior sum, sed nōn possum
hōc solvere. Quīntum rogā; ille multō sapientior est quam ego.

Quīntus.   Nōn difficile est solvere. Est SEGES.

Sextus.   Macte virtūte! Omnium sapientissimus es, Quīnte.

Quīntus.   Sumne sapientior quam tū, Sexte?

Sextus.   Ego nesciō. Aenigma nōbīs dīc.

Quīntus.   Audīte igitur.

"Sum māgnō quī caelum umerīs mōlīmine portō;
     vertis mē, sum fōrma iubēns intrāre chorēās."

Sextus.   Difficilius est meō aenigmate. Solvere nōn possum.

Omnēs.   Dīc nōbīs respōnsum, Quīnte. Sapientior es Sextō.

Quīntus.   Nōn ita difficile est. ATLĀS est respōnsum.

Sextus.   Ego nōn intellegō.

Mārcus.   Ō pudor! Stultior es nōbīs, Sexte. Nōnne Atlās
caelum umerīs portat? et sī ATLĀS vertis fit
verbum SALTĀ.

*Spectate carmen de colono in pagina centesima
tricesima quarta.*

EXERCITATIO

1. Quōmodo pater Mārcī fortior est Sextī patre?
2. Quōmodo patruus Decimī sapientior est aliīs?
3. Quis prōcērior est Mārcō?
4. Quis sapientior est Manliō?
5. Cūius aenigma difficilius est quam Sextī aenigma?

Adde partēs vocābulōrum omissās.

6. Stultior es nō—, Sexte.
7. Tū sapientior es Sext—.
8. Difficilius est me— aenigmat—.
9. Alius ali— prūdentior vel audāc— est.
10. Magister est omnium sapient—.

ARS GRAMMATICA

Gradus positīvus.	*Gradus comparātīvus.*	*Gradus superlātīvus.*
altus	altior	altissimus
fortis	fortior	fortissimus
audāx	audācior	audācissimus
sapiēns	sapientior	sapientissimus
difficilis	difficilior	difficillimus

	Singulāriter.		*Plūrāliter.*	
	M.F.	*N.*	*M.F.*	*N.*
N.V.	omnis	omne	omnēs	omnia
Acc.	omnem	omne	omnēs	omnia
Gen.	omnis		omnium	
D.Abl.	omnī		omnibus	

	M.F.	*N.*	*M.F.*	*N.*
N.V.	sapiēns	sapiēns	sapientēs	sapientia
Acc.	sapientem	sapiēns	sapientēs	sapientia
Gen.	sapientis		sapientium	
D.Abl.	sapientī		sapientibus	

DE DISCIPULIS

	Singulāriter.		*Plūrāliter.*	
	M.F.	N.	M.F.	N.
N.V.	altior	altius	altiōrēs	altiōra
Acc.	altiōrem	altius	altiōrēs	altiōra
Gen.		altiōris		altiōrum
Dat.		altiōrī		altiōribus
Abl.		altiōre		altiōribus

possum
potes
potest
possumus
potestis
possunt

IV

DIALOGUS DĒ MĪLITE

M. Spectā mīlitem. Quid dextrā tenet?

D. Pīlum dextrā tenet.

M. Ubi pīlum tenet?

D. Dextrā pīlum tenet.

M. Quid dextrā facit?

D. Tenet pīlum dextrā.

M. Quid sinistrā tenet?

D. Scūtum sinistrā tenet.

M. Ubi scūtum tenet?

D. Sinistrā scūtum tenet.

M. Quid sinistrā facit?

D. Tenet scūtum sinistrā.

M. Quid dē balteō mīlitis pendet?

D. Gladius dē balteō mīlitis pendet.

M. Quid in capite gerit?

D. Galeam in capite gerit.

M. Ubi est galea?

D. In capite mīlitis est galea.

M. Quid facit galea?

D. Dēfendit caput mīlitis galea.

M. Quid pectus dēfendit?

D. Lōrīca pectus dēfendit.

M. Brācae crūra mīlitis tegunt. Quid crūra mīlitis tegit?

D. Brācae crūra mīlitis tegunt.

M. Quid tegunt brācae?

D. Crūra mīlitis tegunt brācae.

M. Quid pedēs mīlitis tegit?

D. Caligae pedēs mīlitis tegunt.

M. Quid scūtō facit mīles?

D. Volnera ā corpore mīles scūtō arcet.

M. Quid pīlō et gladiō facit?

D. Pūgnat pīlō et gladiō; hostēs volnerat et interficit.

M. Quid aliud?

D. Patriam dēfendit.

M. Nunc librōs claudite et sine librīs respondēte.

Magister eadem iterum interrogat. Deinde discipulus quidam partes magistri agit, et omnes iterum respondent, primo cum libris, deinde sine libris.

PARTICIPIUM PRAESENS

Participium praesēns quattuor cōniugātiōnum est:

I	II	III	IV
-āns, -antis	-ēns, -entis	-ēns, -entis	-iēns, -ientis

Dēclīnā ut adiectīvum *sapiēns,* nisi quod cāsus ablātīvus est -e. Hōc participium praesēns necesse est dīcere si tōtam sententiam ante verbum *videō* dīcere volumus.

Exempla:

{ Mārcus lūdit.
{ Mārcum lūdentem videō.

{ Brūtus ambulat.
{ Brūtum ambulantem videō.

{ Magister docet.
{ Magistrum docentem videō vel audiō.

{ Puer fenestram aperit.
{ Puerum fenestram aperientem videō.

Et plūrāliter:

{ Discipulī discunt.
{ Discipulōs discentēs videō.

{ Puerī clāmant.
{ Puerōs clāmantēs audiō.

EXERCITATIO

Ante verbum *video* (vel *audio*) aut dīcite aut scrībite haec:
Quīntus clāmat; mīles pūgnat; mīles armātus; hostēs saevī;
puerī currunt; fenestrae clausae; gladius nūdus; mīlitēs patriam dēfendunt; galea caput mīlitis tegit; lōrīca pectus
mīlitis dēfendit; brācae crūra mīlitis tegunt; caligae pedēs
mīlitis tegunt; mīles hostēs volnerat; toga alba; calceī nigrī;
Mārcus recitat; puerī intrant; omnēs audiunt; Sextus fenestram aperit; Quīntus manum tollit; omnēs surgunt; multae
arborēs; crēta alba; mīles scūtō volnera arcet; mīlitēs scūtīs
volnera arcent.

V

SALŪTĀTOR

Salūtātor.	[*Forēs pulsat*] Num dormiunt omnēs? Aperī iānuam!
Iānitor.	Quis tam vehementer forēs pulsat? Num ārdēmus?
Salūtātor.	Salūtātor sum. Licetne mihi patrōnum salūtāre?
Iānitor.	Cūr ita māne ades? Prīma modo est hōra; audī! gallus cantat.
Salūtātor.	Errās; tardus est gallus, namque secunda iam est hōra. Ecce, aliī adsunt clientēs.
Clientēs aliī.	Adestne patrōnus? Licetne nōbīs intrāre?
Iānitor.	Intrāte omnēs. Dominus adest, sed eum vidēre nōnvoltis. Salūtant clientēs patrōnum, sed rē vērā petunt sportulās.
Clientēs.	Sportulās nōbīs dā, pessime; necesse est sine morā abīre. [*Iānitor clientēs per vestibulum in ātrium dūcit.*]
Iānitor.	Ecce, in mēnsā sunt sportulae. Accipite atque abīte. [*Clientēs sportulās capiunt et abeunt.*]

*Est carmen de gallo in pagina centesima
tricesima septima.*

Salūtātor prīmus. Patrōnum nōn videō; patrōnum salūtāre volō.

Iānitor. In tablīnō epistulās scrībit. Sed, ecce, iam ad nōs venit.

Salūtātor. Salvē, optime. Tē laetus salūtō. Valēsne?

Patrōnus. Grātiās tibi agō; satis bene valeō. Tū bonus es cliēns; nōn modo sportulam accipere, sed etiam mē salūtāre vīs. Sportulam bonam tibi dō.

Salūtātor. Grātiās tibi agō, optime patrōne. Valē. [*Sportulam accipit, et per vestibulum exit: dum in viā stat sportulam īnspicit.*] Multum inest. Ecce, caulem videō, duo ōva, aliquantulum pānis. Caulī fortāsse nōn ita viridis est color; lapidōsus est pānis....Sed carnem olfaciō. [*Būbulam extrahit.*] O nāsum meum! [*Nāsum digitīs comprimit.*] Odor abōminandus est! Abōminandus patrōnus, iānitor abōminandus! [*Iānitōrem vocat.*] Heus tū! iterum pande forēs.

Iānitor. Quid, malum, clāmās? Dominō meō, bonō cīvī, patrōnō optimō maledīcis?

Salūtātor. Būbulam spectā, vel nāsum potius adhibē.

Iānitor. (*Būbulam olfacit.*) Bene olet carō. Nāsī, nōn carnis, est culpa.

Salūtātor. Sī ita tibi placet, tibi licet habēre. Tū, quī ōstium pandis, pande ōs et admītte būbulam. Nōnne bene olet? Nōnne bene sapit? Ēs tōtam. Quid ita respuis? Admītte iterum. Dominus tuus, bonus cīvis, optimus patrōnus, optimam habet būbulam. Sed tū disce prōverbium:

"Māgna est vēritās et praevalet." Valē.

EXERCITATIONES

1. Quid salūtātor facere volt?
2. Quid rē vērā petunt salūtātōrēs?
3. Ubi epistulās scrībit patrōnus?
4. Quotā hōrā adest salūtātor?
5. Ubi sunt sportulae?
6. Cūr patrōnus grātiās agit salūtātōrī?
7. Quid continet sportula?
8. Quid in sportulā olfacit salūtātor?
9. Quālis pānis in sportulā est?
10. Cūr būbulam respuit iānitor?

Adde partēs vocābulōrum omīssās.

1. Licetne nō— intrāre?
2. Iānitor client— per vestibulum in ātri— dūcit.
3. Caul— fortāsse nōn ita virid— est color.
4. Caul— videō, duo ōva, aliquantulum pān—.
5. Nās— digit— comprimit.
6. Dominō me— bonō cīv— maledīcis?
7. Māgn— est vēritās et praeval—.
8. Bene olet car—.
9. Patrōnus optim— optim— habet būbulam.
10. Salūtātor dum in vi— stat sportul— īnspicit.

In pagina centesima tricesima sexta est carmen
de imperatore Nerone.

VI

LŪDUS

[*Magister intrat.*]

Discipulī.	Salvē, magister.
Magister.	Salvēte, discipulī. Habētisne librōs et libellōs et stilōs?

Mārcus (*manum tollit*). Libellum nōn habeō, magister.

Lūcius.	Stilum nōn habeō, magister.
Decimus.	Librum nōn habeō, magister.
Magister.	Ō puerōs abōminandōs! Oportet vōs omnia semper vōbīscum adferre.
Mārcus.	Novum libellum, sīs, mihi dā, magister.
Magister.	Tū, Sexte, novum libellum Mārcō dā. [*Sextus libellum Mārcō dat.*]
Mārcus.	Grātiās tibi agō.
Magister.	Et tū, Quīnte, stilum Lūciō dā. [*Quīntus stilum Lūciō dat.*]
Lūcius.	Grātiās tibi agō.
Magister.	Et tū, Antōnī, librum Decimō dā. [*Antōnius librum Decimō dat.*]
Decimus.	Grātiās tibi agō.
Magister.	Nunc oportet nōs recitāre. Aperīte librōs. [*Mārcus lūdit.*] Ō pessime, abōminande, scelerātissime, lūdis. Cape ālās tū, et, tū, pedēs tenē. Nunc in umerōs eum tollite, dum ego virgīs caedō.
Mārcus.	Ō magister, parce, parce! Ō tergum meum, quantum dolet! Ō! Ō!
Magister.	Nunc cōnsīde, et nōlī iterum lūdere dum ego doceō.
Mārcus.	Nōnne audīs sonum, magister? Iānuam pulsat advena.

Magister. Audiō. Iānuam aperī, Mārce.

[*Mārcus iānuam aperit. Physiōgnōmōn intrat.*]

Physiōgnōmōn. Salvē, magister. Salvēte, discipulī. Ego sum physiōgnōmōn.

Magister. Salvē, tū quoque, ō physiōgnōmōn. Sed cūr ad nōs venīs?

Physiōgnōmōn. Licetne mihi capita puerōrum pertractāre et mōrēs nātūramque ūnīus cūiusque expōnere?

Magister. Licet tibi hōc facere, sī potes. Surgite, puerī, et ad physiōgnōmonem venīte.

[*Physiōgnōmōn Decimī caput pertractat.*]

Physiōgnōmōn. Tumōrem māgnum sentiō. Tū es puer sapiēns, īmmō vērō sapientissimus.

Decimus (*Mārcō in aurem dīcit*). Pater mihi hunc tumōrem calceō suō fēcit.

Physiōgnōmōn. Nunc tū venī. [*Digitō Mārcum dēmōnstrat.*] Quid est tibi nōmen?

Mārcus. Mārcus est mihi nōmen.

[*Physiōgnōmōn caput Mārcī pertractat.*]

Physiōgnōmōn. Trēs habēs māgnōs tumōrēs; ūnum ā dextrā, ā sinistrā duōs. Omnium sapientissimus es.

Mārcus (*submīssā vōce*). Tumōrēs in capite sunt, quia herī ad terram cecidī.

Lūcius. Ō physiōgnōmōn, et magistrī, sīs, caput pertractā.

Physiōgnōmōn. Licetne mihi caput tuum pertractāre, domine?

Magister. Ego nōn recūsō. [*Physiōgnōmōn caput magistrī pertractat.*]

Physiōgnōmōn. Ūnus, duo, trēs, quattuor, quīnque, sex, septem, octō, novem, decem! Tumōrēs tuōs numerāre nōn possum! Tōtum caput plēnum est tumōribus. Īmmō vērō nōn caput, sed tumōrēs, habēs. Omnium stultissimus, crūdēlissimus....

Magister (interpellat). Tacē, īnsānissime! [*Ferulam suam
          capit, et physiōgnōmonis caput pulsat.*]
          Nunc, accipe tū quoque capitis tumōrem.
          Ūnum, duōs, trēs, quattuor, quīnque, sex,
          septem, octō, novem, decem!

[*Physiōgnōmonem ē lūdō expellit.*]

Ars Grammatica

Tempus Perfectum

I	II	III	IV
pulsāvī	sēdī	surrēxī	aperuī
pulsāvistī	sēdistī	surrēxistī	aperuistī
pulsāvit	sēdit	surrēxit	aperuit
pulsāvimus	sēdimus	surrēximus	aperuimus
pulsāvistis	sēdistis	surrēxistis	aperuistis
pulsāvērunt	sēdērunt	surrēxērunt	aperuērunt

fuī
fuistī
fuit
fuimus
fuistis
fuērunt

Exercitatio

Ante verbum *videō* (vel *audiō*) aut dīcite aut scrībite haec:
physiōgnōmōn; salūtātor patrōnum salūtat; patrōnus epistulās scrībit; clientēs intrant; būbula optima; iānitor abōminandus; gallus cantat; salūtātor forēs pulsat; omnēs dormiunt;
clientēs sportulās petunt; iānitor clientēs in ātrium dūcit;
clientēs abeunt; cliēns bonus; sportula bona; salūtātor exit;
salūtātor sportulam īnspicit; salūtātor nāsum digitīs comprimit; puerī rīdent; caulis viridis; pānis lapidōsus; discipulī
librōs aperiunt; Mārcus manum tollit; Sextus libellum Mārcō

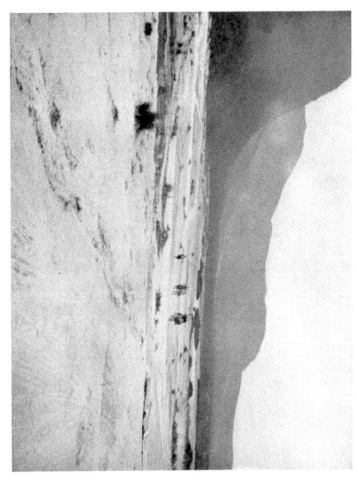

LĪTUS

dat; Quīntus stilum Lūciō dat; Antōnius librum Decimō dat; puerī grātiās agunt; discipulī Mārcum in umerōs tollunt; magister Mārcum virgīs caedit; Mārcus ululat; advena iānuam pulsat; physiōgnōmōn intrat; physiōgnōmōn capita puerōrum pertractat; puerī ad physiōgnōmonem veniunt; trēs māgnī tumōrēs; Mārcus ad terram cadit; magister physiōgnōmonem ē lūdō expellit.

VII

DĒ LŪDŌ

Hodiē in lūdō discimus; stilō et cērīs incumbimus; omnēs dolēmus. Herī tamen rīsimus; nam physiōgnōmōn vēnit, quī capita omnium pertractāvit. Tumōrem māgnum in capite Decimī invēnit; etiam magistrī caput pertractāvit, et decem tumōrēs invēnit! Īmmō vērō tumōrēs magistrī ēnumerāre nōn potuit. Nōs discipulī iterum atque iterum rīsimus, sed magister ferulam suam arripuit, quā physiōgnōmonem pulsāvit atque omnīnō ē lūdō dēpulit. Herī fēlīcēs fuimus; hodiē miserī sumus, stilō et cērīs incumbimus, nōn rīdēmus. Nōn tamen semper miserī sumus in lūdō. Nōnnumquam magister fābulās nōbīs nārrat. Optimam ōlim nārrāvit fābulam, quam ego nunc vōbīs nārrō. Nōn omnia possumus omnēs, ut dīcit Vergilius poēta, neque ego sum magister, sed nārrāre temptō.

Fābula dē rēge quōdam.

Rēx quīdam animī causā ōlim secundum ōceanī lītus ambulat, cuī ūnus ex assentātōribus, "Ō rēx omnipotēns," inquit, "quī hominēs, quī mare, quī terram regis! Quid nōn potes facere? Tibi terra, caelum, ōceanus dēnique pāret." At rēx, tālia dum audit, hominis vānam assentātiōnem reprehendit, et, "Nūgās," inquit, "nārrās. Spectā enim." Simul atque haec dīxit, alium quemdam iussit sellam prope mare appōnere, et postquam ille sellam apposuit, rēx cōnsēdit, et crūra sua ūsque ad undās extendit. Simul undās propius accēdere vetuit. Aestus tamen nihilōminus sē incitāvit, et mox pedēs rēgis madefēcit; quī statim eīdem assentātōrī, "Spectā," inquit, "quem nūper omnipotentem vocāvistī rēgem, cuī hae saltem undae nōn pārent. Ut tū omnipotentem rēgem mē nūper vocāvistī, ita ego tē stultissimum assentātōrem nunc vocō."

EXERCITATIONES

I

Verte in tempus praesēns.

1. Magister puerōs docuit.
2. Sextus libellum Mārcō dedit.
3. Physiōgnōmōn caput magistrī pertractāvit.
4. Mārcus in terram cecidit.
5. Physiōgnōmōn tumōrēs magistrī ēnumerāre nōn potuit.

Verte in tempus perfectum.

6. Rēx secundum ōceanī lītus ambulat.
7. Rēx assentātōrem reprehendit.
8. Nūgās nārrās.
9. Tē stultissimum vocō.
10. Stilō et cērīs incumbimus.

II

1. Cūr magister virgīs caedit Mārcum?
2. Quid facere volt physiōgnōmōn?
3. Cūr Decimus in capite habet tumōrem?
4. Cūr Mārcus in capite habet tumōrēs?
5. Quōmodo lūdī magister capitis tumōrem physiōgnōmonī fēcit?

Adde partēs vocābulōrum omissās.

6. Tū, Sexte, novum libell— Mārc— dā.
7. Licetne mihi capit— puer— pertractāre?
8. Trēs māgnōs tumōr— habēs, ūn— ā dextr—, ā sinistr— duōs.
9. Tumōrēs tu— numer— nōn possum.
10. Physiōgnōmon— magister ē lūd— dēpellit.

VIII

PRAELĒCTIŌ IN LŪDŌ

Magister discipulōs hōrās numerāre docet.

Magister. Iam tertia est hōra. Post tertiam quota erit hōra, Mārce?

Mārcus. Quārta post tertiam erit hōra.

Magister. Bene; et quota post quārtam, Sexte?

Sextus. Quīnta post quārtam erit hōra.

Magister. Rēctē respondēs, sapiēns eris. Sed aliquid difficilius interrogābō. Post duodecimam quota erit hōra?

Sextus. Nesciō.

Pūblius (manum tollēns). Ego dīcam, magister, sī mē interrogābis.

Magister. Tē virgīs caedam, sī iterum interpellābis. Nunc, Sexte, sī numerās, quotus erit numerus post duodecimum?

Sextus. Tertius decimus.

Magister. Iterum igitur tē interrogābō. Quota erit hōra post duodecimam?

Sextus. Tertia decima.

Magister. Minimē. Numerōs rēctē numerās, sed hōrās nōn ita dīcimus.

Pūblius (iterum interpellāns). Ego sciō: erit prīma hōra noctis.

Magister. Rēctē expōnis. Sed dolēbis, quod mē iterum inter-
pellāvistī. Hūc venīte, Mārce et Sexte. Pūblium
in umerōs tollētis et ego virgīs caedam.

[*Mārcus et Sextus Pūblium in umerōs tollunt dum
magister virgīs caedit.*]

Pūblius. Ō magister, parce mihi! Sedēre nōn iterum
poterō. Parce!

Magister. Parcam tibi, sī nōn iterum interpellābis.

Pūblius. Grātiās! nōn iterum interpellābō.

Magister. Līberāte eum, Mārce et Sexte. Sinite cōnsīdere.

Pūblius (submissā vōce). Nōn cōnsīdam, sed stābō.

Magister. Nunc pergēmus. Post duodecimam hōram erit
prīma hōra noctis, nam post diem veniet nox....

Pūblius (susurrāns). Cum adultus erō, ut magistrō colaphōs
dabō!

Magister. Iterumne, furcifer? Vae tergō tuō, mox ut numquam anteā dolēbit. Sed novās et validiōrēs
virgās quaeram. [*Exit.*]

Pūblius. Ego effugiam. Cum redībit magister mē nōn in-
veniet! [*Per fenestram effugit.*]

EXERCITATIO

Verte in tempus futūrum.

1. Lūdum nostrum multī discipulī frequentant.
2. Pater discipulum iubet surgere.
3. Domum abīmus.
4. Magister nōs virgīs caedit.
5. Physiōgnōmōn capita puerōrum pertractat.
6. Titus artem grammaticam nōn amat.
7. Vōs lūditis.
8. Discipulus librum aperit.
9. Omnēs scrībere incipiunt.
10. Bene possumus respondēre.

EQUES EQUITAT

ARS GRAMMATICA

Tempus Futūrum

I	II	III	IV
pulsābō	sedēbō	surgam	aperiam
pulsābis	sedēbis	surgēs	aperiēs
pulsābit	sedēbit	surget	aperiet
pulsābimus	sedēbimus	surgēmus	aperiēmus
pulsābitis	sedēbitis	surgētis	aperiētis
pulsābunt	sedēbunt	surgent	aperient

erō
eris
erit
erimus
eritis
erunt

IX

NOVERCA ET PRĪVĪGNUS

Ōlim erat iniūsta noverca, cuī prīvīgnus rēx. Hunc rēgem
interficere cōnstituit, nam filium suum rēgem creāre cupiēbat.
Diū occāsiōnem frūstrā exspectābat, sed tandem eī sīc prōs-
perē cēssit cōnsilium. Vīlla novercae prope silvam stābat,
ubi cottīdiē rēx prīvīgnus cum comitibus suīs ferās captābat.
Per hanc silvam rēx quondam, ut mōs, equitābat; undique
ērumpēbant ferae, quae sē in fugam statim dabant; vēnātōrēs
suum quisque equum incitābant; omnēs ferās urgēbant.
Subitō autem equus rēgis claudicāre incēpit; aliōs aequāre
nōn iam poterat. Cēterī igitur rēgem superāvērunt, quī sōlus,
ab omnibus dēstitūtus, ad vīllam novercae, quae in proximō
erat, sē contulit. Simul atque noverca prīvīgnum suum

appropinquantem vīdit, servō cuīdam fidēlī pugiōnem dedit,
eumque iussit rēgem imprūdentem ā tergō percutere. Ipsa
rēgī obviam iit, cuī statim ille sitiēns, "Salvē," inquit, "cāris-
sima. Ut sitiō! Sōl mediō caelō ārdet. Ut dīcit Vergilius
noster:

Nunc etiam pecudēs umbrās et frīgora captant.

Potesne mihi pōtum dare?" Itaque noverca prīvīgnō pōculum reverenter dedit, quod rēx equō īnsidēns statim
hauriēbat. At servus ā tergō appropinquāvit, rēgemque
bibentem pugiōne percussit.

EXERCITATIO

Ante verbum *videō* (vel *audiō*) aut dīcite aut scrībite haec:
puer sapiēns; puerī sapientēs; puer ambulat; discipulī discunt; magister docet; arborēs pulchrae; umbra frīgida;
pōculum māgnum; equus bonus; servī multī; lītus dēsertum;
undae māgnae; mare altum; terra nova; mīles pūgnat;
discipulī discunt; rēx ambulat; ōceanus rēgī nōn pāret;
undae sē excitant; undae pedēs rēgis madefaciunt; rēx
assentātōrem reprehendit; assentātor stultus; rēx omnipotēns; magistrī docent; discipulī lūdum frequentant; puerī
domum abeunt; magister docet; discipulus novus discit;
omnēs scrībere incipiunt; noverca iniūsta; prīvīgnus rēx;
noverca rēgem interficere volt; vīlla novercae; rēx ferās
captat; comitēs ferās captant; rēx equitat; ferae ērumpunt;
vēnātōrēs ferās urgent; equus rēgis claudicat; cēterī rēgem
superant; rēx dēstitūtus; rēx ad vīllam novercae sē cōnfert;
noverca servō pugiōnem dat; pugiō acūtus; servus fidēlis;
rēx sitit; sōl ārdet; pecudēs umbrās captant; noverca
pōculum prīvīgnō dat; rēx equō īnsidet; rēx pōculum haurit;
servus rēgem percutit.

Vīvēbat quondam, spectā, mātrōna senīlis,
  cuī fuit, haud multō iūnior ipse, canis.
os dare iēiūnō catulō mātrōna senīlis
  cōnstituit; properat prōmere larga penum.
sed fuit omnīnō vacua illa penāria cella,
  quā rē iēiūnus nunc caret osse canis.

EXERCITATIO

Verte in tempus imperfectum.

1. Prīvīgnus novercae est rēx.
2. Tū cum comitibus tuīs per silvam equitās.
3. Titus artem grammaticam nōn amat.
4. Equus claudicat.

5. Domum redīmus.
6. Vōs omnēs clāmātis.
7. Servus rēgem pugiōne percussit.
8. Omnēs effugiunt.
9. Mātrōna senīlis os dare iēiūnō canī properat.
10. Canis osse caret.

ARS GRAMMATICA

Tempus Imperfectum

I	II	III	IV
eram	pulsābam	sedēbam	surgēbam	aperiēbam
erās	pulsābās	sedēbās	surgēbās	aperiēbās
erat	pulsābat	sedēbat	surgēbat	aperiēbat
erāmus	pulsābāmus	sedēbāmus	surgēbāmus	aperiēbāmus
erātis	pulsābātis	sedēbātis	surgēbātis	aperiēbātis
erant	pulsābant	sedēbant	surgēbant	aperiēbant

X

DĒ PUERŌ QUĪ AEGRŌTAT

Puer quī aegrōtat māne ē lectō nōn surgit, neque vestēs induit, neque per scālās dēscendit. Māter ad puerum venit, cuī, "Cūr," inquit, "ē lectō nōn surrēxistī? Cūr vestēs nōn induistī?" Cuī puer, "Ō māter," inquit, "aegrōtō. Ex capite, ex ventre labōrō." Deinde māter medicum quaerit; medicus venit et puerō, "Linguam," inquit, "mihi mōnstrā." Puer linguam extendit, et medicus, "Ō tē miserum," exclāmat, "pessima est lingua; oportet tē medicāmentum bibere. Medicāmentum tibi mīttam." Deinde puer dormit, namque nox advenit. Ut Vergilius poēta dīcit:

Et iam summa procul vīllārum culmina fūmant,
māiōrēsque cadunt altīs dē montibus umbrae.

PUER QUĪ Ā LŪDŌ SĒ ABSTINUIT

Persōnae

Sextus ⎫
Quīntus ⎬ frātrēs
Mārcus ⎭
Pater
Māter

Medicus
Lūdī magister
Aliī discipulī
Porcus

SCAENA PRĪMA. *In vīllā Mārcī patris.*

[*Māter et pater ientāculum edunt.*]

Pater. Ubi sunt Quīntus, et Sextus, et Mārcus?

Māter. Omnēs excitāvī. Venient mox; immō vērō iam veniunt.

[*Quīntus et Sextus intrant.*]

Quīntus. Salvē, māter! Salvē, pater! [*Sextus calceōs suōs quaerit.*]

Māter. Patrem salvēre iubē, Sexte.

Sextus. Salvē! Calceōs meōs invenīre nōn possum.

Māter. Ō pessime, nēglegēns es. Venī hūc. Ō puer abōminande! Collum nōn lāvistī, comās nōn pexistī. Abī iterum ad cubiculum tuum et collum lavā, comāsque pecte.

[*Exit Sextus.*]

[*Omnēs ientāculum edunt. Quīntus multum ēst, et multum bibit.*]

Quīntus. Dā mihi, sīs, māter, aliquantulum porcīnae.

Māter. Nōnne satis iam ēdistī, mī Quīnte? Nōn oportet tē avārum esse. Sī nimis edēs, ex ventre labōrābis.

Quīntus. Nōndum satis ēdī; etiam nunc ēsuriō.

Pater. Satis nōn ēdistī, scelerātissime! Iam tria ōva et multum pānis ēdistī. Nōn licet tibi plūs habēre. [*Sextus iterum intrat.*]

Sextus. Mārcus ē lectō surgere nōnvolt. In lectō iacet, neque ad lūdum īre volt.

Pater.   Sed oportet eum statim surgere. Cūr nŏndum
              surrēxit?
Sextus.   Quia aegrōtat, mī pater. Ex ventre, ex capite
              labōrat.
Quīntus.   Nimis ēdit Mārcus; nunc ex ventre labōrat. Ego
              nimis nōn edam.
Māter.   Tū, tamen, fēstīnā, Sexte. Ientāculum nōn ēdistī,
              et mox ad lūdum īre tē oportēbit. Accipe
              aliquantulum porcīnae.
                                           [*Sextus porcīnam ēst.*]
Quīntus.   Cūr Sextō porcīnam dās, māter? mihi nōn dedistī.
Pater.   Tacē! omnium avidissimus es. Tū iam tria ōva
              ēdistī et nunc porcīnam ēsse vīs.
Māter.   Fēstīnāte! iam oportet vōs ad lūdum īre. Valēte!
              ego ad Mārcum ībō.
Sextus. ⎱
Quīntus. ⎰ Valē, māter! Valē, pater. Nōs ad lūdum īmus.

            SCAENA SECUNDA. *In cubiculō Mārcī.*

Māter.   Cūr nōndum ē lectō surrēxistī, Mārce?
Mārcus.   Ō māter, aegrōtō! Ex capite, ex ventre labōrō.
Māter.   Linguam mihi mōnstrā. [*Mārcus linguam suam
              extendit.*] Sed rubra est lingua. Satis bene
              valēs, nōn aegrōtās. Oportet tē ad lūdum īre.
Mārcus.   Nōn satis valeō, mea māter; vehementer ex ventre
              labōrō. Ō ventrem meum! Ad lūdum īre nōn
              possum.
Māter.   Medicum igitur quaeram. [*Māter exīre incipit.*]
Mārcus.   Ō māter, redī, mea māter!
Māter.   Quid vīs?
Mārcus.   Iēiūnus sum, mea māter, neque ientāculum ēdī.
              Licetne mihi in lectō ientāre?
Māter.   Sī ex ventre labōrās, nōn oportet tē ēsse. Sed
              quid vīs?

Mārcus.   Ōva, sīs, et aliquantulum porcīnae.

Māter.   Babae! Porcīnam tibi nōn dabō. Pultem adferam. [*Exit māter.*]

Mārcus [*submissā vōce*]. Ō mē miserum! pultem nōn amō.
Sed necesse est ēsse. Ad lūdum hodiē nōn
ībō, quia pēnsum meum nōn fēcī. Ego in
lectō iaceō; Sextus et Quīntus in lūdō sunt.
Illī scrībunt et recitant, iterum recitant, iterum
scrībunt. Ego in lectō iaceō et dormiō.
[*Māter redit quae pultem adfert.*]

Māter.   Nunc, Mārce, pultem adferō. Medicum arcessīvī,
quī mox veniet. Accipe pultem.
[*Mārcus pultem capit, et ēsse incipit.*]

Mārcus.   Hōc mihi nōn placet, māter. Nōnne lieet mihi
ōvum habēre?

Māter.   Minimē. Nihil nisi pultem tibi dabō.
[*Iānuam pulsat medicus.*]
Intrā!

Medicus.   Salvē, mātrōna! Quis aegrōtat?

Māter.   Salvē tū quoque! Hīc mihi filius ex ventre labōrat.

Medicus.   Puerī semper ex ventre labōrant. Nimis edunt,
deinde ex ventre labōrant. Manum mihi dā,
puerule; pulsum sentiam. Ūnus, duo, trēs,
quattuor, quīnque, sex, septem, octō, novem,
decem, ūndecim, duodecim, tredecim, quattuor-
decim, quīndecim, sēdecim, septemdecim, duo-
dēvīgintī, ūndēvīgintī, vīgintī. Nunc linguam
mihi mōnstrā. [*Mātrī in aurem dīcit.*] Satis
bene valet puer; nōn aegrōtat. Sed ad lūdum
īre nōnvolt, itaque aegrum simulat. Amāris-
simum medicāmentum eī dabō. [*Clārā vōce.*]
Vehementer aegrōtat, sed bonum medicāmentum eī dabō.

Mārcus.   Licetne mihi ōva ēsse?

Medicus.   Minimē vērō. Nihil nisi pultem et medicā-
           mentum tibi dabō.
                              [*Māter et medicus exeunt.*]
Mārcus.   Ego medicāmentum nōn bibam. Per fenestram
           effugiam.
           [*Celeriter ē lectō surgit, vestēs induit, per fenes-
           tram exit.*]

SCAENA TERTIA. *In lūdō.*

[*Discipulī in sellīs sedent: intrat magister.*]

Discipulī.   Salvē, magister!
Magister.   Salvēte discipulī! Adsuntne omnēs?
Quīntus.   Mārcus, quī aegrōtat, abest. Ex ventre labōrat.
Magister.   Ille semper aegrōtat,—vel aegrum simulat. Is
              quī semper abest nihil potest discere. Tū,
              Quīnte, multō eris sapientior quam frāter tuus.
              Nunc animum attendite omnēs, et librōs
              aperīte! [*Sextus per fenestram spectat.*] Quem
              oportet recitāre?
Decimus.   Licetne mihi, magister?
Quīntus (interpellāns). Tū herī recitāvistī. Hodiē mē oportet
              recitāre.
Magister.   Puerō quī interpellat recitāre nōn licet. Tū,
              Manlī, incipe recitāre.
Sextus.   Ō magister....
Magister.   Nōlī interpellāre, Sexte! Manlius recitāre incipit.
                       [*Sextus iterum per fenestram spectat.*]
Manlius (ē librō recitāns). Ōlim homō quīdam in hortō suō
              sedēbat...
Sextus (interpellāns). In hortō tuō...
Magister.   Tacē, Sexte! Nōn est "in hortō tuō" Spectā
              librum! Est "in hortō suō."
Manlius (pergēns). quī vīnum bibēbat, cibumque edēbat...

Sextus (interpellāns). Nunc ēst...

Magister (sevērā vōce). Nōn nunc ēst. Ōlim edēbat. Tū
animum nōn attendis, sed per fenestram spectās.
Librum spectā, et nōlī iterum interpellāre. Sī
iterum interpellābis, tē virgīs caedam. Perge
recitāre, Manlī!

Manlius.   In mēnsā erant ōva, pānis...

Magister.   Dēsiste! Sextus animum nōn attendit.

Sextus.   Sed, magister...

Magister.   Tacē, improbissime! Vōcem tuam audīre nōn
volō. Animum attende. Perge, Manlī!

[Sextus chartam capit et scrībit.]

Manlius.   In mēnsā erant ōva, pānis, ūvae...

Magister.   Satis! Improbissimus ille Sextus scrībit. Dā
mihi, Sexte, id quod scrīpsistī.

[Sextus chartam magistrō dat.]

Magister (recitāns). "Magister mala sūs est." Ō puerum
abōminandum, improbissimum, scelerātissi-
mum...

Sextus.   Sed hōc nōn scrīpsī, magister.

Magister.   Omnium mendācissimus es! Meīs ipse oculīs tē
scrībentem vīdī.

Sextus.   Ita, magister. Scrībēbam; sed nōn "măla"
scrīpsī, sed "māla." Et verbum "ēst" scrīpsī,
nōn "est." Nihil mihi dīcere licēbat, et per
fenestram porcum vīdī māla tua edentem.

[Omnēs ad fenestrās ruunt.]

Magister.   Cōnsīdite omnēs! *[Omnēs iterum cōnsīdunt, et
Sextus dīcere pergit.]*

Sextus.   Temptāvī tibi dīcere, sed tū semper, "Nōlī interpellāre," exclāmābās. Scrīpsī igitur, quia
dīcere mihi nōn licuit.

Magister.   Num rē vērā in hortō porcus pōma mea ēst?

Sextus.   Īmmō vērō omnia iam ēdit.

Magister. Cūr nōn anteā mihi dīxistī, stulte? Ō mē miserum!
Plūs docēre hodiē nōn possum. Licet vōbīs
abīre. Hodiē discere nōn necesse est. Ego
porcum comprehendere temptābō. [*Exit.*]
[*Puerī exīre incipiunt.*]

Sextus. Ō beātum mē! Hodiē nōn discam, sed lūdam.
Mārcus in lectō iacet; ego currō, ego saltō!

Quīntus. Mē quoque beātum! Mārcus pultem edet, ego
crūstula edam.

Sextus. Ō miserrimum Mārcum! Ille medicāmentum
bibit; nōs porcum vīdimus māla magistrī
edentem!

Quīntus. Medicus linguam Mārcī spectat.

Manlius. Nōs triumphum spectābimus.

Decimus. Quem triumphum dīcis?

Manlius. Nōnne audīvistī? Post merīdiem Britannōs in
triumphō dūcet Iūlius Caesar. Britannōs vīcit,
et hodiē erit triumphus.

Omnēs. Euge! Euge! Ad triumphum ībimus.

[*Exeunt omnēs.*]

SCAENA QUĀRTA. *In Viā Sacrā.*

[*Spectātōrēs pompam spectant.*]

Sextus. Ut multī sunt mīlitēs! Iō triumphe!

Quīntus. Spectā gladiōs! Spectā pīla!
[*Tubicinēs "taratantara" dīcunt.*]

Decimus. Tubicinēs audiō. Iō triumphe!

Spectātōrēs. Iō triumphe! Iō triumphe!

Quīntus. Optima est pompa. Ecce! vidēsne animālia ista?

Manlius. Elephantī sunt. Elephantōs anteā nōn vīdī.
Ō beātum mē! Iō triumphe!

Sextus. Et sīgna mīlitum spectā! Vidēsne tū, Quīnte?
Nōn vidēs. Spectātōrēs spectās; nōlī illōs

MĪLITĒS RŌMĀNĪ

	spectāre; pompam spectā! Cūr spectātōrēs spectās?
Quīntus.	Quia Mārcum videō.
Sextus.	Mārcum nōn vidēs. Ille in lectō iacet.
Quīntus.	Videō eum. Ecce! nōnne tū vidēs?
Sextus.	Ubi est?
Quīntus.	Spectā! In summō mūrō sedet.
Manlius.	Ā lūdō sē abstinuit. Nōn aegrōtābat. Magister eum virgīs caedet.
Sextus.	Videō eum. (*Clāmāns*) Mārce, venī hūc!
Mārcus.	Minimē vērō. Ad mē venīte! Optimus est locus. Bene vidēre possum.

[*Omnēs ad Mārcum eunt.*]

Sextus.	Quōmodo hūc vēnistī?
Quīntus.	Nōn aegrōtāvistī. Aegrum simulāvistī, et tē ā lūdō abstinuistī.
Mārcus.	Ita vērō. Ad lūdum īre nōluī, quia pēnsum meum facere nōn poteram. Sed pessimus ille medicus malum medicāmentum mihi dedit, quod bibere nōlēbam. Itaque per fenestram effūgī.
Spectātōrēs.	Iō triumphe! Iō triumphe!
Quīntus.	Magister tē virgīs caedet.
Mārcus.	Nihil cūrō. Pompam spectāte.
Spectātōrēs.	Iō triumphe! Iō triumphe!
Decimus.	Vidētisne Britannōs?
Manlius.	Abōminandī sunt omnēs!
Mārcus.	Ecce! ōva pūtida habeō. In Britannōs iaciam.
Quīntus. *Sextus.* *Manlius.*	Dā mihi! Dā mihi!

[*Omnēs in Britannōs ōva iaciunt.*]

Manlius.	Bene! Caput Britannī cūiusdam percussī.
Mārcus.	Macte virtūte! Ōvō meō oculum dextrum Britannicī ducis percussī. Habet! Habet!
Spectātōrēs	Iō triumphe! Iō triumphe!

Sextus.   Cavē, Mārce! Lūdī magistrum videō.

Mārcus.   Ō mē miserum! Ego effugiam.

             [*Dē mūrō dēscendit, sed magister eum videt.*]

Magister.   Tē videō, Mārce! Venī hūc! [*Mārcum compre-*
            hendit magister.] Abōminande puerule! Ā
            lūdō tē hodiē abstinuistī. Nunc autem ad
            lūdum redībimus, et virgīs tē caedam.

Mārcus.   Ō parce, magister, parce mihi!

Spectātōrēs. Iō triumphe! Iō triumphe!

                [*Magister Mārcum abdūcit.*]

Mārcus.   Ō magister, vidēsne porcum istum? Ut māgnus
            est!

Magister.   Porcum dīcis? Ubi est?   [*Grunnit porcus.*]

Mārcus.   Ecce! Spectā!

Magister.   Videō eum. Curre, Mārce, celeriter. Porcum
            comprehendere temptā. Sī porcum compre-
            hendere poteris, tibi parcam. [*Mārcus celeriter*
            currit, et porcum comprehendit quem ad magis-
            trum dūcit.]

Mārcus.   Ecce! magister. Porcum comprehendī. Nunc
            oportet tē mihi parcere, ut prōmīsistī.

                        [*Grunnit porcus.*]

Magister.   Tibi parcam, optime. Porcum mihi dā!

    [*Magister porcum abdūcit; Mārcus ad pompam redit.*]

Spectātōrēs. Iō triumphe! Iō triumphe!

      Est carmen de porco in pagina centesima
                   tricesima quinta.

EXERCITATIO

Ante verbum *videō* (vel *audiō*) aut dīcite aut scrībite haec:
Puer vestēs induit; lingua pessima; medicāmentum bonum;
nox advenit; vīllārum culmina fūmant; umbrae dē montibus
cadunt; māter et pater ientāculum edunt; Quīntus et Sextus
intrant; Sextus calceōs quaerit; Sextus exit; Mārcus ad lūdum

īre nōnvolt; Mārcus ē ventre labōrat; porcīna bona; tria ōva;
Sextus et Quīntus ad lūdum eunt; caput tumidum; lingua
rubra; capita multa; māter medicum quaerit; māter redit;
puer iēiūnus; Mārcus in lectō iacet; puls calida; puerī aegrō-
tant; māter et medicus exeunt; Mārcus per fenestram exit;
discipulī in sellīs sedent; magister intrat; homō quīdam in
hortō sedet; homō vīnum bibit; omnēs ad fenestrās ruunt;
omnēs cōnsīdunt; Sextus dīcere pergit; Quīntus crūstula
ēst; medicus linguam Mārcī spectat; puerī triumphum spectant; Iūlius Caesar Britannōs in triumphō dūcit; omnēs exeunt; multī mīlitēs; pompa optima; animālia māgna; sīgna
mīlitum; Mārcus in summō mūrō sedet; omnēs ad Mārcum
eunt; ōva pūtida; puerī ōva iaciunt; porcus grunnit.

XI

ĪNSULA INCŌGNITA

Spectā tabulam pīctam. Terra, quam vidēs, est īnsula;
ita enim nōmināmus terram quam tōtam mare cingit. Fortāsse rogābis, "Ubi est haec īnsula?" Facile est rogāre, sed
respondēre difficile, īmmō vērō difficillimum. Equidem vērō
nesciō; īmmō vērō omnēs nesciunt. Quam ob rem īnsulam
incōgnitam nōminō, namque incōgnitum est id quod omnēs
nesciunt. Sed quamquam incōgnita, pulcherrima est īnsula.
In āëre volant avēs; in marī sunt piscēs. Vidēsne quoque
māgna illa mōnstra quae in marī natantia lītorī appropinquant? Haec nōmināmus balaenās, quae dum natant aquam
in āëra ēiciunt. Nōnnūllī hominēs quoque in marī natāre
temptant. Ipsā in terrā multae et pulcherrimae crēscunt
arborēs. Quid enim arbore pulchrius esse potest? Nōnne
Vergilius poēta dīcit:

Fraxinus in silvīs pulcherrima, pīnus in hortīs,
pōpulus in fluviīs, abiēs in montibus altīs?

Alia quoque verba ēiusdem poētae bene dēscrībunt īnsulam nostram. Dīcit enim:

Et nunc omnis ager, nunc omnis parturit arbōs;
nunc frondent silvae, nunc fōrmōsissimus annus.

Hanc īnsulam habitat sāga quaedam. Sāga est fēmina quae magicam artem scit. Nōn omnia possumus omnēs, dīcit

Vergilius, sed sāga quidlibet facere potest. Magicīs suīs artibus potest vel lūnam caelō dēdūcere, nec nōn animās ex īmīs sepulchrīs excīre. Et nunc, ut in tabulā pīctā vidēs, scōpīs īnsidēns per āëra perinde āc avis volat. Volat enim ad casam suam, quae prope mare in lītore stat. Haud procul ab hāc casā est prōmunturium, in quō est māgna spēlunca vel caverna. Hīc habitat mōnstrum terribile, quod vidēre nōn potes, nam sub mare balaenās ad lītus fugat. Sed adest certē, quamquam in praesentī nōn appāret. Quod balaenae bene sciunt; itaque celeriter effugiunt. Namque mōnstrum quam

māximē timent. Et iūre timent. Tria enim habet capita;
ūnī cuīque capitī sunt terna ōra, oculī dēnī, et prō crīnibus
anguēs, quī linguīs vibrantibus ōra sībila lambunt. Sed alia
dē hōc mōnstrō nōn nārrābō; nōn enim tē terrēre volō, ut
mōnstrum balaenās terret. Ad īnsulam redībimus.

In mediā īnsulā altissimus stat mōns; in summō monte
stat cervus. Ē monte fluit rīvulus, nunc quidem nōn ita
māgnus. Sed nōnnumquam postquam pluit, vel ut dīcit
Vergilius:

> Iūppiter et laetō dēscendit plūrimus imbrī,

iam fluvius vehementer ruit

> et rapidus montānō flūmine torrēns
> sternit agrōs, sternit sata laeta, boumque labōrēs,
> praecipitēsque trahit silvās.

Trāns fluvium fert pōns, prope quem est piscātor quī
nūllōs tamen piscēs capit; omnēs enim, ut vidēs, in aliā maris
parte natant. Sed satis, ut putō, iam nārrāvī. Vōs, discipulī,
mihi respondēte dē īnsulā rogantī. Ubi est casa sāgae? Tū,
Sexte, respondē. Incipe, parve puer.

Magister multa interrogat.

XII

MACELLUM

[*Anus quīnque pullōs gallumque ūnum in sportā portat.*]

Anus. Quis pullōs emere volt?

Ēmptor. Pullōsne dīcis? Ubi sunt? Ō nōs miserōs! Tau-
rum cavē! Ut terribilis est aspectū!

Agricola. Nōlī timēre, domine! Taurus nōn tē cornū petet.

Anus. Hī sunt pullī, domine. Sed quō aufūgit ille ēmptor,
quī pullōs emere voluit? Cavē! Cavē! Taurus

mecastor iterum hūc ruit! Tot rēs molestās
numquam anteā ūnō diē percēpī!

Ēmptor. Dīs grātiās agō! Taurī cornua nunc manibus tenet
agricola. Pullōs, sīs, mihi mōnstrā.

Anus. Ecce, pullī! Pinguiōrēs, crēdō, numquam vīdistī.

Ēmptor. Placent mihi. Omnēs igitur dā.

[*Sportam ē manū anūs capit, et abīre coepit.*]

Anus. Pecūniam solve, sī pullōs emere vīs.

Ēmptor. Nūllam pecūniam mēcum habeō, sed satis est domī.
Domum igitur redībō et pecūniam adferam.
Pullōs nunc mēcum capiam.

Anus. Minimē! nam sī pullōs nunc tēcum capiēs fortāsse
numquam cum pecūniā redībīs.

Ēmptor. Pīgnus igitur tibi dabō. [*Gallum ex sportā extrahit,
quem anuī dat.*] Tertiō abhinc diē redībō et
pecūniam prō pullīs tibi dabō. [*Exit.*]

[*Anus pīgnere contenta in macellō manet, sed ēmptor
numquam redit.*]

ARS GRAMMATICA

Dēclīnātiō Quārta

Singulāriter.

N.V.	manus	cornū
Acc.	manum	cornū
Gen.	manūs	cornūs
Dat.	manuī	cornuī *vel* cornū
Abl.	manū	cornū

Plūrāliter.

N.V.	manūs	cornua
Acc.	manūs	cornua
Gen.	manuum	cornuum
Dat.	manibus	cornibus
Abl.	manibus	cornibus

Dēclīnātiō Quīnta

	Singulāriter.	*Plūrāliter.*
N.V.	diēs	diēs
Acc.	diem	diēs
Gen.	diēī	diērum
Dat.	diēī	diēbus
Abl.	diē	diēbus

XIII

AEDĒS IACCHĪ

Aspicis hīc aedēs quās aedificāvit Iacchus.

Frūmentumque vidēre licet; nam cōpia māgna intrā aedēs posita est, quās aedificāvit Iacchus.

Frīgora mūs fugiēns, in eāsdem irrēpserat aedēs,
quī sibi frūmentī sōlus cōnsūmpsit acervum,
intrā aedēs positum, quās aedificāvit Iacchus.

Occīdit fēlēs miserum saevissima mūrem,
frīgora quī fugiēns, in eāsdem irrēpserat aedēs,
et sibi frūmentī sōlus cōnsūmpsit acervum,
intrā aedēs positum, quās aedificāvit Iacchus.

At fēlem canis hīc īnfēstō dente momordit,
quae miserē occīdit parvum saevissima mūrem,

frīgora quī fugiēns, in eāsdem irrēpserat aedēs,
et sibi frūmentī sōlus cōnsūmpsit acervum,
intrā aedēs positum, quās aedificāvit Iacchus.

Haec tamen est ingēns tibi bōs, cuī cornua torta,
quae viridī fuit in prātō, cornūque petīvit
īnfēstum catulum, fēlem quī dente momordit,
quae miserē occīdit parvum saevissima mūrem,
frīgora quī fugiēns, in eāsdem irrēpserat aedēs,
et sibi frūmentī sōlus cōnsūmpsit acervum,
intrā aedēs positum, quās aedificāvit Iacchus.

Haec erat, aerumnīs cōnfecta, miserrima virgō,
mulgēbatque bovem māgnam, cuī cornua torta,

quae viridī fuit in prātō, cornūque petīvit
īnfēstum catulum, fēlem quī dente momordit,
quae miserē occīdit parvum saevissima mūrem,
frīgora quī fugiēns, in eāsdem irrēpserat aedēs,
et sibi frūmentī sōlus cōnsūmpsit acervum,
intrā aedēs positum, quās aedificāvit Iacchus.

Sordidus hīc iuvenis, cuī tam pannōsus amictus,
assiduē cupiēns hanc importūnus amābat
quae fuit, aerumnīs cōnfecta, miserrima virgō,
mulgēbatque bovem māgnam, cuī cornua torta,
quae viridī fuit in prātō, cornūque petīvit
īnfēstum catulum, fēlem quī dente momordit,
quae miserē occīdit parvum saevissima mūrem,
frīgora quī fugiēns, in eāsdem irrēpserat aedēs,
et sibi frūmentī sōlus cōnsūmpsit acervum,
intrā aedēs positum, quās aedificāvit Iacchus.

Hīc tamen, ecce, caput rāsus tōnsusque sacerdōs,
quī iuvenī maestam dedit hanc miseramque puellam,
huĭc spōnsam iuvenī, cuī tam pannōsus amictus,
quī semper cupiēns hanc importūnus amābat
quae fuit, aerumnīs cōnfecta, miserrima virgō,
mulgēbatque bovem māgnam, cuī cornua torta,
quae viridī fuit in prātō, cornūque petīvit
īnfēstum catulum, fēlem quī dente momordit,
quae miserē occīdit parvum saevissima mūrem,
frīgora quī fugiēns, in eāsdem irrēpserat aedēs,
et sibi frūmentī sōlus cōnsūmpsit acervum,
intrā aedēs positum, quās aedificāvit Iacćhus.

Hīc gallus; quī sub lūcem cantāre solēbat
sōpītīque sacerdōtis perrumpere somnōs,
quī, dē mōre caput rāsus tōnsusque rotundum,
maerentem iuvenī dedit hanc miseramque puellam,
huīc spōnsam iuvenī, cuī tam pannōsus amictus,
quī semper cupiēns hanc importūnus amābat
quae fuit, aerumnīs cōnfecta, miserrima virgō,
mulgēbatque bovem māgnam, cuī cornua torta,
quae viridī fuit in prātō, cornūque petīvit
īnfēstum catulum, fēlem quī dente momordit,
quae miserē occīdit parvum saevissima mūrem,
frīgora quī fugiēns, in eāsdem irrēpserat aedēs,
et sibi frūmentī sōlus cōnsūmpsit acervum,
intrā aedēs positum, quās aedificāvit Iacchus.

Agricola hīc prūdēns mandāverat hordea sulcīs,
unde cibum gallō poterat praestāre canentī,
huīc gallō quī sub lūcem cantāre solēbat

sōpītīque sacerdōtis perrumpere somnōs,
quī, dē mōre caput rāsus tōnsusque rotundum,
maerentem iuvenī dedit hanc miseramque puellam,
huīc spōnsam iuvenī, cuī tam pannōsus amictus,
quī semper cupiēns hanc importūnus amābat
quae fuit, aerumnīs cōnfecta, miserrima virgō,
mulgēbatque bovem māgnam, cuī cornua torta,
quae viridī fuit in prātō, cornūque petīvit
īnfēstum catulum, fēlem quī dente momordit,
quae miserē occīdit parvum saevissima mūrem,
frīgora quī fugiēns, in eāsdem irrēpserat aedēs,
et sibi frūmentī sōlus cōnsūmpsit acervum,
intrā aedēs positum, quās aedificāvit Iacchus.

Agricolae spectās cornū, canem, equumque superbum,
grandia quī prūdēns mandāverat hordea sulcīs,
unde cibum gallō poterat praestāre canentī,
huīc gallō quī sub lūcem cantāre solēbat
sōpītīque sacerdōtis perrumpere somnōs,
quī, dē mōre caput rāsus tōnsusque rotundum,
maerentem iuvenī dedit hanc miseramque puellam,
huīc spōnsam iuvenī, cuī tam pannōsus amictus,
quī semper cupiēns hanc importūnus amābat
quae fuit, aerumnīs cōnfecta, miserrima virgō,
mulgēbatque bovem māgnam, cuī cornua torta,
quae viridī fuit in prātō, cornūque petīvit

īnfēstum catulum, fēlem quī dente momordit,
quae miserē occīdit parvum saevissima mūrem,
frīgora quī fugiēns, in eāsdem irrēpserat aedēs,
et sibi frūmentī sōlus cōnsūmpsit acervum,
intrā aedēs positum, quās aedificāvit Iacchus.

Exercitatio

Verte in tempus plūsquam perfectum.

1. Iacchus aedēs aedificāvit.
2. Titus artem grammaticam nōn amat.
3. Haec nōn bene intellegō.
4. Fēcistīne pēnsum tuum?
5. Mūs frūmentī acervum cōnsūmpsit.
6. Mārcus et Quīntus ā lūdō sē abstinuērunt.
7. Vōs errātis.
8. Gallus sacerdōtem excitāvit.
9. Discipulī rīdent.
10. Et iam summa procul vīllārum culmina fūmant.

Ars Grammatica

Tempus Plūsquam perfectum

I	II	III	IV
pulsāveram	sēderam	surrēxeram	aperueram
pulsāverās	sēderās	surrēxerās	aperuerās
pulsāverat	sēderat	surrēxerat	aperuerat
pulsāverāmus	sēderāmus	surrēxerāmus	aperuerāmus
pulsāverātis	sēderātis	surrēxerātis	aperuerātis
pulsāverant	sēderant	surrēxerant	aperuerant

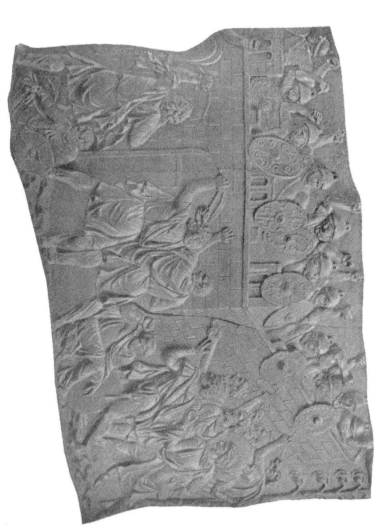

MĪLITĒS OPPIDUM OBSIDENT

XIV

DOLUS

Ōlim mīlitēs oppidum obsidēbant, quod vī et armīs nūllō modō expūgnāre poterant. Dolum igitur hūiusmodī excōgitāvērunt. Oppidānum quemdam cāsū domum noctū redeuntem cēpērunt, quem sīc statim admonuērunt: "Ad portam statim accēde, et cum cūstōdēs excitāveris haec verba eīs dīc, 'Adsunt mēcum mercātōrēs quīdam; itinere iam fessī sunt. Sī igitur portās aperueritis, hī ad dēversōrium sē recipient, multamque pecūniam vōbīs dabunt.'" Hōc tamen oppidānus, quī nihil patriā antīquius habēbat, facere recūsāvit. Mīlitēs igitur cruciātū āc suppliciō eum torquēre incēpērunt, et, "Nisi," exclāmāvērunt, "iussa sine morā fēceris, tē trucīdābimus." Oppidānus igitur cūstōdēs excitāvit, quibus, "Adsunt," inquit, "mēcum mercātōrēs quīdam; itinere iam fessī sunt. Sī igitur portās aperueritis, hī ad dēversōrium sē recipient, multamque pecūniam vōbīs dabunt." Itaque cūstōdēs portās pandunt; mīlitēs eās occupāvērunt, cūstōdēs obtruncāvērunt, oppidum intrāvērunt, omnia dīripuērunt.

Frīgida vīx caelō noctis dēcēsserat umbra
cum rōs in tenerā pecorī grātissimus herbā.

PRAEFECTUS AERĀRIŌ

Ōlim erant duo hominēs, quōrum uterque praefectus aerāriō fierī cupiēbat. Ambō igitur ad rēgem sē contulērunt; deinde alter, "Ō rēx," inquit, "sī mē aerāriō praefēceris, ego tibi multam pecūniam dabō." Rēx autem alterī, "Et quid tū," inquit, "mihi dabis, sī ego tē praefēcerō?" Cuī respondit alter, "Ego tibi, ō rēx, sī mē aerāriō praefēceris, nihil pecūniae quidem dabō, sed animō fidēlī aerārium cūrābō." Eum igitur rēx aerāriō praefēcit.

EXERCITATIO

Adde verba.

1. Cum cūstōdēs (excitāre) haec verba dīc.
2. Sī igitur portās (aperīre) mercātōrēs ad dēversōrium sē recipient.
3. Nisi iussa (facere) vōs trucīdābō.
4. Sī tē aerāriō (praeficere) quid mihi dabis?
5. Sī rēx mē aerāriō (praeficere) eī pecūniam dabō.

ARS GRAMMATICA

Tempus Futūrum et perfectum

I	II	III	IV
pulsāverō	sēderō	surrēxerō	aperuerō
pulsāveris	etc.	etc.	etc.
pulsāverit			
pulsāverimus			
pulsāveritis			
pulsāverint			

XV

ITER ĀERIUM

Daedalus. Ecce, pennās perfēcī bīnās. Tū, fīlī, aptā meās meīs umerīs, et ego tuīs tuās aptābō.

Īcarus. Sed ubi est cēra?

Daedalus. Humī est, prope ipsās pennās.

Īcarus. Sed sine īgnī cēram liquefacere nōn poterō.

Daedalus. Ō mē immemorem! Domī īgnem relīquī. Redīte, servī, domum et afferte īgnem.

Īcarus. Affīxae sunt pennae. Nunc sum volātūrus.

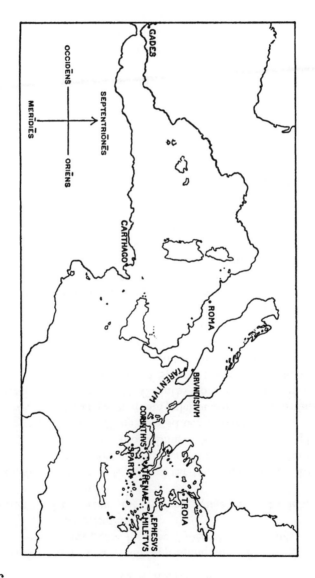

SEPTENTRIŌNĒS

OCCIDĒNS — ORIĒNS

MERĪDIĒS

GADĒS

CARTHĀGŌ

 RŌMA

TARENTVM

BRVNDISIVM

CORINTHVS

SPARTA

ATHĒNAE

EPHESVS

MĪLĒTVS

TROIA

Daedalus. Nōlī, Īcare, sōlī appropinquāre. Sī altius volā-
veris, cēra fortāsse liquēscet, et tū cadēs. Volā
ad orientem.

Īcarus. Ut grātum est volāre! Quae est urbs illa, mī
pater?

Daedalus. Ephesus est. Ephesī est templum Diānae. Ephe-
sum iam advēnimus. Nunc Ephesō abīmus et
Mīlētum prōcēdimus. Mīlētī habitant philo-
sophī. Nunc volā ad occidentem.

Īcarus. Ō pater, pater, quam pulchra urbs! Dīc mihi nōmen.

Daedalus. Corinthus est. Corinthī hominēs fabricant aera.
Nōn longē abest Sparta. Spartae sunt fortissimī
mīlitēs. Nunc multa mīlia passuum volābi-
mus ad occidentem. Hīc vidēs Tarentum.
Tarentī nēmō māgnī mōmentī habitat. Nunc
Brundisium īmus. Neque Brundisiī habitant
clārissimī. Sed portus est celeberrimus. Iterum ad occidentem tē verte.

Īcarus. Ecce, pater, urbs māxima. Rōma est. Rōmae
habitat Titus, quī artem grammaticam nōn
amat. Fortāsse nunc dē cāsū locātīvō recitat
—Ephesī, Corinthī, Tarentī, Brundisiī, Rōmae,
humī, domī. Ō puerum miserrimum! Doleō
quod iter āerium nōbīscum nōn facit. Ō pater
cārissime, nōnne licet dēscendere et Titum
quaerere? Ut gaudēbit nōbīscum volāns!

Daedalus. Sed nūllās habet pennās; volāre nōn poterit.

Īcarus. Quid autem ad rem? Est enim eī māgna aquila
quam mānsuēfēcit. Aquilae īnsidēns cursum
nostrum aequāre poterit.

Daedalus. Dēscendēmus igitur, et Titus nōbīscum volābit.

[*Villae Titī appropinquant.*]

Īcarus [*per fenestram vocāns*]. Tite, Tite! Hūc, hūc venī.
Artem grammaticam iam relinque! Īnsidē

ATHĒNAE

aquilae quam mānsuēfēcistī; aquila tē per aurās
portābit dum nōs volāmus.

Titus. Quis vocat? Num somniō?

Īcarus. Nōn est somnium, Tite. Statim tē parā. Nōbīscum volābis.

Titus [aquilae īnsidēns]. Euge, euge! Ego veniam. Caelum
ascende, aquila, et volā cum Īcarō Daedalōque.

Daedalus. Collum aquilae dīligenter retinē, Tite; celeriter
volātūrī sumus. Iam Rōmam relinquimus.
Rēctō cursū ad merīdiem contendimus. Ecce!
Carthāgō nōbīs patet.

Titus. Quam pulchra est urbs! Quis hīc habitat?

Daedalus. Carthāginī habitābat Dīdō rēgīna, quae hospitiō
excēpit Aenēān, quī Trōiā effūgit. Gādēs ta-
men nunc oportet nōs contendere.

Īcarus. Quid Gādibus est, mī pater, quod oportet nōs
vidēre?

Daedalus. Gādibus stant columnae Herculis; est quoque
hortus Hesperidum, ubi serpēns aurea pōma
cūstōdit.

Titus. Ō Daedale, quam māximē cupiō Athēnās vidēre;
Athēnīs sunt templa māgnifica. Nōnne licet ad
orientem redīre? nōn longum est iter volantibus.
Nōlī, sōdēs, recūsāre.

Daedalus. Nōn recūsābō. Verte tē ad orientem, Īcare. Titus
volt Athēnās vidēre.

EXERCITATIO

Ante verbum *videō* (vel *audiō*) aut dīcite aut scrībite haec:
īnsula incōgnita; avēs in āere volant; mōnstra lītorī appropinquant; balaenae māgnae; hominēs natāre temptant; abiēs
pulcherrima, pōpulus pulcherrima; arbōs parturit; silvae
frondent; annus fōrmōsus; sāga quaedam; sāga scōpīs īnsi-

dēns ad casam volat; mōnstrum balaenās fugat; balaenae mōnstrum fugiunt; terna ōra; oculī dēnī; anguēs ōra lambunt; mōns altissimus; cervus in monte stat; rapidus torrēns sternit agrōs; mare aestuat; manūs tremunt; genua tremunt; speciēs pallida; magister sapiēns; mīlitēs oppidum obsident.

XVI

DIALOGUS DĒ VŌCE PASSĪVĀ

M. Canis mē mordet. Ā cane mordeor. Ā quō mordeor?

D. Ā cane mordēris.

M. Canis fēlem mordet. Ā quō mordētur fēlēs?

D. Ā cane mordētur fēlēs.

M. Canis rabidus nōs mordet. Ā quō mordēmur?

D. Ā cane rabidō mordēmur.

M. Vōs mordet canis. Ā quō mordēmini?

D. Ā cane mordēmur.

M. Canis mīlitēs mordet. Ā quō mordentur mīlitēs?

D. Ā cane mordentur mīlitēs.

M. Canem interficiam. Ā quō interficiētur canis?

D. Ā tē interficiētur canis.

M. Ā quō nōn iterum mordēbor?

D. Ā cane nōn iterum mordēberis.

M. Dominus canem frūstrā quaeret. Ā quō canis frūstrā quaerētur?

D. Ā dominō canis frūstrā quaerētur.

M. Ubi sepeliētur canis?

D. In hortō sepeliētur canis.

M. Ā quibus fossa fodiēbātur?

D. Ā nōbīs fossa fodiēbātur.

M. Quis cūstōdiet ipsōs cūstōdēs?

D. Ā nūllō cūstōdēs cūstōdientur.

M. Nunc librōs claudite et sine librīs respondēre cōnāminī.

D. Librōs claudimus et sine librīs respondēre cōnābimur.

Magister iterum eadem interrogat; deinde discipulus quidam partes magistri agit, et omnes iterum respondent, primo cum libris deinde sine libris.

ARS GRAMMATICA

Vōx Passīva

Tempus praesēns, et tempus futūrum, et tempus imperfectum passīvae vōcis hunc in modum ā vōce āctīvā facile dūcēs:

Singulāriter	*Vōx Āctīva*	*Vōx Passīva*
Prīma persōna	–ō *vel* –m	–r
Secunda ,,	–s†	–ris†
Tertia ,,	–t	–tur
Plūrāliter		
Prīma persōna	–mus	–mur
Secunda ,,	–tis	–minī
Tertia ,,	–nt	–ntur

† *–is* in tempore futūrō cōniugātiōnis prīmae et secundae et in tempore praesentī tertiae cōniugātiōnis fit *–eris* in vōce passīvā.

Exemplī causā:

Tempus Praesēns	*Tempus Futūrum*	*Tempus Imperfectum*
pulsor	docēbor	aperiēbar
pulsāris	docēberis	aperiēbāris
pulsātur	docēbitur	aperiēbātur
pulsāmur	docēbimur	aperiēbāmur
pulsāminī	docēbiminī	aperiēbāminī
pulsantur	docēbuntur	aperiēbantur

Similiter

audior	regar	pulsābar
audīris	regēris	pulsābāris
etc.	etc.	etc.

EXERCITATIONES

Aut dīcite aut scrībite passīvē:

A.

1. Gallus sacerdōtem excitat.
2. Mūs frūmentum cōnsūmēbat.
3. Canis nōs nōn terrēbit.
4. Magister vōs docet.
5. Mīlitēs patriam dēfendent.
6. Puella bovem mulgēbit.
7. Agricola hordea sulcīs mandat.
8. Māter nōs amat.
9. Pater vōs pulsābit.
10. Mārcus ōva pūtida iaciēbat.

B.

1. Magister porcum comprehendēbat.
2. Physiōgnōmōn nōs spectābit.
3. Fenestram frangitis.
4. Bōs cornū vōs petet.
5. Pater mē pulsat.
6. Magister tē docēbit.
7. Ōva pūtida iacimus.
8. Titus artem grammaticam neglegēbat
9. Aquila Titum portat.
10. Quis vōs docet?

XVII

PISCĀTŌRĒS

Piscātor prīmus. Quot piscēs ā tē captī sunt, amīce?

Piscātor alter (quī rē vērā nūllōs cēpit). Nōndum numerāvī
meōs. Quot ā tē sunt captī?

P. prīmus. Neque ā mē numerātī sunt meī, sed multōs cēpī,
duodecim ut putō.

[*Piscātor alter decem piscēs ab amīcō fūrtim aufert.*]

P. alter.   Num ā tē victus sum? Vīx crēdere possum. Sed
piscēs numerābimus. Cum numerātī erunt, in-
tellegēmus.

[*Uterque suōs piscēs numerat.*]

P. prīmus. Duo modo invenīre possum. Reliquī ablātī sunt,
nām plūrēs scīlicet ā mē captī erant.

P. alter.   Mentītus es, abōminande. Duo modo piscēs ā tē
captī erant, sed dīxistī duodecim. Piscātōrēs
glōriārī solent, et tū glōriātus es. Nōn iam ā mē
comitāberis. Mendācem ōdī. Decem piscēs,
quī ā mē captī sunt, domum adferam et
coquam.

P. prīmus. Rem intellegere nōn possum. Plūrēs piscēs ā mē
erant captī quam in lintre inventī sunt....

P. alter.   Benīgnē tē ūtar. Cum piscēs meī coctī erunt ad
cēnam venīre tibi quoque licēbit.

P. prīmus. Grātiās tibi agō. Laetus veniam. Benīgnissimus
sānē es.

P. alter.   Nōlī ita dīcere. Inter amīcōs commūnia dēbent
esse omnia.

Ars Grammatica

Vōx Passīva

Tempus perfectum, et tempus futūrum et perfectum, et tempus plūsquam perfectum vōcis passīvae facile dūcēs, sī participiō perfectō cūiusque verbī addideris praesēns aut futūrum aut imperfectum tempus verbī *sum.* Exemplī causā:

Tempus Perfectum	*Tempus Futūrum et perfectum*	*Tempus Plūsquam perfectum*
pulsātus sum	doctus erō	apertus eram
„ es	„ eris	„ erās
„ est	„ erit	„ erat
Similiter		
doctus sum	interfectus erō	morsus eram
etc.	etc.	etc.

Modus Imperātīvus

Fōrma modī imperātīvī vōcis passīvae est singulāriter eadem quae fōrma īnfīnītīvī praesentis in vōce āctīvā. Exemplī causā:

	I	II	III	IV
Infīnītīvus praesēns *Vōcis āctīvae*	pulsāre	docēre	regere	aperīre
Imperātīvus modus *Vōcis passīvae*	pulsāre	docēre	regere	aperīre

Secunda persōna plūrāliter est idem quod secunda persōna praesentis temporis indicātīvī: e.g.

pulsāminī docēminī regiminī aperīminī

Tabula temporum

		vocāre	monēre	claudere	audīre
Singulāris numerus	Prīma persōna	VII	IIII	II	I
	Secunda persōna	XI	VIII	V	III
	Tertia persōna	XV	XII	VIIII	VI
Plūrālis numerus	Prīma persōna	XVIIII	XVI	XIII	X
	Secunda persōna	XXII	XX	XVII	XIIII
	Tertia persōna	XXIIII	XXIII	XXI	XVIII

Numerī indicant fōrmās verbōrum. Exemplī causā: sī vōx est āctīva, tempus futūrum, quid indicat numerus duodecimus? Respōnsum est "monēbit."

Exercitatio

A. *Vōx Āctīva*

1. Quid indicat numerus secundus? (praesēns tempus.)
2. ,, ,, ,, sextus? (imperfectum tempus.)
3. ,, ,, ,, decimus? (perfectum tempus.)
4. ,, ,, ,, quīntus decimus?
 (futūrum tempus.)
5. ,, ,, ,, vīcēsimus quārtus?
 (praesēns tempus.)
6. ,, ,, ,, vīcēsimus?
 (plūsquam perfectum tempus.)
7. ,, ,, ,, quīntus?
 (futūrum et perfectum tempus.)
8. ,, ,, ,, ūndecimus?
 (imperfectum tempus.)
9. ,, ,, ,, septimus decimus?
 (futūrum tempus.)
10. ,, ,, ,, duodecimus? (perfectum tempus.)

AI 5

B. Vōx Passīva

Quid indicant eīdem numerī in vōce passīvā?

Tempus praesēns	Futūrum	Imperfectum	Per-fectum	Plūsquam perf.	Fut. et perf.
XVI	XI	VII	IIII	II	I
XXII	XVII	XII	VIII	V	III
XXVII	XXIII	XVIII	XIII	VIIII	VI
XXXI	XXVIII	XXIIII	XVIIII	XIIII	X
XXXIIII	XXXII	XXVIIII	XXV	XX	XV
XXXVI	XXXV	XXXIII	XXX	XXVI	XXI

Exemplum

Sī vōx est passīva, verbum "monēre," quid indicat numerus vīcēsimus? Respōnsum "monitī erātis."

EXERCITATIO

1. Sī vōx est passīva, verbum "audīre," quid indicat numerus prīmus, tertius, decimus, vīcēsimus prīmus, trīcēsimus?

2. Sī vōx est āctīva, verbum "claudere," quid indicat numerus secundus, quārtus, duodecimus, duodēvīcēsimus, trīcēsimus tertius?

EXERCITATIO

Servus mē vocāvit (āctīvē).

Ego ā servō vocātus sum (passīvē).

Verte passīvē:

1. Magister Titum verberat.
2. Magister Titum verberābit.
3. Magister Titum verberāvit.

4. Titus rēs grammaticās nōn amat.
5. Titus rēs grammaticās nōn amābat.
6. Titus rēs grammaticās nōn amāverat.
7. Piscātor multōs piscēs capit.
8. Piscātor multōs piscēs cēperit.

Verte āctīvē:

1. Decem piscēs ā piscātōre sunt captī.
2. Decem piscēs ā piscātōre capiuntur.
3. Decem piscēs ā piscātōre capiēbantur.
4. Magister ā nōbis nōn amātur.
5. Magister ā mē nōn amābātur.
6. Caesar ā vōbīs interfectus est.
7. Ego ā vōbīs rēx factus sum.
8. Magister ā tē spectātus erit.

XVIII

MANCIPIŌRUM AUCTIŌ

Mangō.   Tū mancipia dispōne, et suō quemque in ōrdine collocā; pedēsque gypsō obline; sīc vēnālēs esse vidēbuntur, ēmptōrēsque quam plūrimōs allicient. Nunc praecōnium fac, et iubē ēmptōrēs iam adesse ad forum.

Praecō.   Hūc, hūc advenīte ēmptōrēs! Optimī vēneunt servī. Quis licēbitur? Sī quis praesentem pecūniam numerāre nōn potest, pīgnus dare et proximō annō solvere licet.

Mangō.   Multī conveniunt; itaque nihil cūnctandum est. Vēndēmus ergō.

Praecō.   Quem prīmum prōdūcēmus?

Mangō.   Comātum hunc lūdī magistrum; etenim honestus vidētur esse.

Praecō.   Heus tū, doctissime, catastam ascende; oculīs omnium tē mōnstrā.

Mangō.   Iam fac praecōnium.

Praecō.   Optimum mancipium vēnumdō, doctissimum; quis emet? quis sapientissimus post hominum memoriam fierī volt? quis omnia nōsse et doctum sē praebēre?

Ēmptor quīdam. Speciē quidem vidētur foedissimā! Ostende mihi titulum, quī vitia ēius, sī quae habet, dēscrībit. Deōs immortālēs! octō dentēs dēsunt, alterō oculō captus, alterō lippus, alterō pede claudus, gibber, distortīs crūribus, vārus...

Praecō (*interpellāns*). Quid tamen ad rem membrōrum dēbilitās? mentis vērō aciē sī quis alius praeditus est.

Ēmptor.   Nōn placet mihi; prōverbiī meminī, "mēns sāna in corpore sānō." Sed quid potissimum nōvit?

Praecō.   Arithmēticam, astronomiam, geōmetriam, mūsicam, omnēs auctōrēs et historiās, nūtrīcem Anchīsae, nōmen et patriam novercae Anchemolī, omnia dē longā vītā Acestae, dē numerō urnārum vīnī quās Ēvander Phrygibus dōnāvit...

Ēmptor.   Satis nūgārum! Licetne interrogāre hominem?

Praecō.   Interrogā. Doctissimum inveniēs.

Ēmptor.   Cūiās es?

Lūdī magister. Samius.

Ēmptor.   Ubi īnstitūtus es?

Lūdī magister. In Aegyptō, apud sapientēs quī ibi sunt.

Ēmptor.   Age, sī tē ēmerō, quid mē docēbis?

Lūdī magister.   Equidem docēbō tē nihil, sed in memoriam tibi revocābō.

Ēmptor.   Quōmodo?

Lūdī magister.   Pūrgābō prius animam, et sordēs illīus ēluam.

Ēmptor.   Sed quōmodo in memoriam revocābis?

Lūdī magister.   Prīmum quidem opus erit longā quiēte et silentiō et quīnque integrīs annīs nihil quidquam loquī.

Ēmptor.   Ego tamen loquāx esse volō, nōn statua. Sed quid post silentium et post quīnquennium fīet?

Lūdī magister.   Posteā vērō, hospes, sciēs dē terrā, et āēre, et aquā, et īgnī, et fōrmīs eōrum...

Ēmptor.   Fōrmam igitur habet īgnis, et āēr, et aqua?

Lūdī magister.   Et māximē quidem manifēstam, neque enim sine fōrmā possunt sē movēre.

Ēmptor.   Mīra praedīcis.

Lūdī magister.   Praeter ea quae dicta sunt, etiam ipsum tē, quī ūnus vidēris, alium oculīs, alium rē vērā cōgnōscēs.

Ēmptor.   Quid āis? Alius ego sum, nōn ille ipse quī nunc tēcum loquor?

Lūdī magister.   Iam quidem hīc es; ōlim vērō in aliō corpore et sub nōmine aliō appārēbās; mox rūrsus in aliud corpus et in aliud nōmen trānsībis.

Ēmptor.   Lepidē nārrās! Egone immortālis erō? Sed dē hīs satis; quod ad victum autem, quālis es?

Lūdī magister.   Animantibus mē abstineō, sed omnia reliqua edō, nisi fabās.

Ēmptor.   Cūr ā fabīs abhorrēs?

Lūdī magister.   Nōn abhorreō, sed sacrae sunt et mīra eārum nātūra.

Ēmptor.	Ut mīra nārrās! Quantī illum vēndēs?
Praecō.	Decem minīs.
Ēmptor.	Meus est, tantī ēmptus.
Praecō.	Heus tū! nunc tibi quoque ascendendum est Nōnne vērē sapiēns vidētur esse?
Ēmptor.	Turpissimō saltem est aspectū, ut decet sapientem. Sed quid scīs facere? Quās artēs ēdoctus es?
Medicus.	Morbōs sānāre sciō.
Ēmptor.	Quālēs morbōs?
Medicus.	Febrēs, podagram, gravēdinem, dolōrēs capitis, dentium, ventris.
Ēmptor.	Quōrum nūllum patior, neque umquam passus sum.
Medicus.	Itaque frueris in corpore sānō mente īnsānā.
Praecō.	Tacē, tacē, nisi vīs verberārī. Dēscende, et tū, quī ā tergō latēs, furcifer, ascende.
Ēmptor.	Iūppiter, ut celeriter ascendit! Dī immortālēs, quam artem tū ēdoctus es?
Fūnambulus.	Ego sum fūnambulus; per fūnem quamvīs tenuem ambulāre possum.
Ēmptor.	Sed quid ad rem? Quid ūtile facere potes?
Fūnambulus.	Graecō mōre saltāre possum docēre līberōs tuōs et trochō lūdere.
Ēmptor.	Bene, optime! Ego tē emam. Līberī enim meī tempus mihi semper terunt iubentēs mē sēcum lūdere. Nunc nōn diūtius tempus nēquīquam cōnsūmam. Dabō tibi, praecō, mīlle dēnāriōs. Num satis?
Praecō.	Satis. Accipe, sed ūtere eō benīgnē.

EXERCITATIO

Aut dīcite aut scrībite passīvē:

1. Ēmptor lūdī magistrum spectāvit.
2. Magister puellās nōn docuit.
3. Mārcus pēnsum fēcerat.
4. Cūstōs nōs cūstōdīverat.
5. Quis vōs spectāvit?
6. Canis fēlem momordit.
7. Puerī manūs sustulērunt.
8. Caesar Britannōs vīcit.
9. Praecō servōs vēndidit.
10. Quis vōs docuerat?

PARS SECUNDA

ARS GRAMMATICA

ARS GRAMMATICA

	M.	*F.*	*N.*
Singulāriter			
Nōm.	parvus	parva	parvum
Voc.	parve	parva	parvum
Acc.	parvum	parvam	parvum
Gen.	parvī	parvae	parvī
Dat.	parvō	parvae	parvō
Abl.	parvō	parvā	parvō
Plūrāliter			
Nōm.	parvī	parvae	parva
Voc.	parvī	parvae	parva
Acc.	parvōs	parvās	parva
Gen.	parvōrum	parvārum	parvōrum
Dat.	parvīs	parvīs	parvīs
Abl.	parvīs	parvīs	parvīs

DECLINATIO SECUNDA

	M.	*M.*
N.V.	puer	magister
Acc.	puerum	magistrum
Gen.	puerī	magistrī
D. Abl.	puerō	magistrō
N.V.	puerī	magistrī
Acc.	puerōs	magistrōs
Gen.	puerōrum	magistrōrum
D. Abl.	puerīs	magistrīs

	M.	*M.*	*M.*
Nōm.	fīlius	vir	deus
Voc.	fīlī	vir	deus
Acc.	fīlium	virum	deum
Gen.	fīliī *vel* fīlī	virī	deī
D. Abl.	fīliō	virō	deō
N.V.	fīliī	virī	dī (deī)
Acc.	fīliōs	virōs	deōs
Gen.	fīliōrum	virōrum *vel* virum	deōrum *vel* deum
D. Abl.	fīliīs	virīs	dīs (deīs)

ADIECTIVA SECUNDAE DECLINATIONIS

Singulāriter	*M.*	*F.*	*N.*
Nōm.	miser	misera	miserum
Voc.	miser	misera	miserum
Acc.	miserum	miseram	miserum
Gen.	miserī	miserae	miserī
Dat.	miserō	miserae	miserō
Abl.	miserō	miserā	miserō

Plūrāliter	*M.*	*F.*	*N.*
Nōm.	miserī	miserae	misera
Voc.	miserī	miserae	misera
Acc.	miserōs	miserās	misera
Gen.	miserōrum	miserārum	miserōrum
Dat.	miserīs	miserīs	miserīs
Abl.	miserīs	miserīs	miserīs

Singulāriter	*M.*	*F.*	*N.*
Nōm.	pulcher	pulchra	pulchrum
Voc.	pulcher	pulchra	pulchrum
Acc.	pulchrum	pulchram	pulchrum
Gen.	pulchrī	pulchrae	pulchrī
	etc.	etc.	etc.

Declinatio Tertia

mīles, mīlitis (*m.*)

	Singulāriter	*Plūrāliter*
N.V.	mīles	mīlitēs
Acc.	mīlitem	mīlitēs
Gen.	mīlitis	mīlitum
Dat.	mīlitī	mīlitibus
Abl.	mīlite	mīlitibus

opus, operis (*n.*)

	Singulāriter	*Plūrāliter*
N.V.	opus	opera
Acc.	opus	opera
Gen.	operis	operum
Dat.	operī	operibus
Abl.	opere	operibus

cīvis, cīvis (*m.*)
nūbēs, nūbis (*f.*)
pōns, pontis (*m.*)
mare, maris (*n.*)

Singulāriter

N.V.	cīvis	nūbēs	pōns	mare
Acc.	cīvem	nūbem	pontem	mare
Gen.	cīvis	nūbis	pontis	maris
Dat.	cīvī	nūbī	pontī	marī
Abl.	cīve	nūbe	ponte	marī

Plūrāliter

N.V.	cīvēs	nūbēs	pontēs	maria
Acc.	cīvēs	nūbēs	pontēs	maria
Gen.	cīvium	nūbium	pontium	marium
Dat.	cīvibus	nūbibus	pontibus	maribus
Abl.	cīvibus	nūbibus	pontibus	maribus

DECLINATIO QUARTA

	portus (*m.*)	cornū (*n.*)
Singulāriter		
N.V.	portus	cornū
Acc.	portum	cornū
Gen.	portūs	cornūs
Dat.	portuī (portū)	cornū (-uī)
Abl.	portū	cornū
Plūrāliter		
N.V.	portūs	cornua
Acc.	portūs	cornua
Gen.	portuum	cornuum
Dat.	portibus	cornibus
Abl.	portibus	cornibus

DECLINATIO QUINTA

diēs (*m. vel f.*)

	Singulāriter	*Plūrāliter*
N.V.	diēs	diēs
Acc.	diem	diēs
Gen.	diēī	diērum
Dat.	diēī	diēbus
Abl.	diē	diēbus

ADIECTIVA TERTIAE DECLINATIONIS

melior, meliōris

Singulāriter	*M.F.*	*N.*
N.V.	melior	melius
Acc.	meliōrem	melius
Gen.	meliōris	meliōris
Dat.	meliōrī	meliōrī
Abl.	meliōre	meliōre

Plūrāliter	*M.F.*	*N.*
N.V.	meliōrēs	meliōra
Acc.	meliōrēs	meliōra
Gen.	meliōrum	meliōrum
Dat.	meliōribus	meliōribus
Abl.	meliōribus	meliōribus

trīstis, trīstis

Singulāriter	*M.F.*	*N.*
N.V.	trīstis	trīste
Acc.	trīstem	trīste
Gen.	trīstis	trīstis
Dat.	trīstī	trīstī
Abl.	trīstī	trīstī
Plūrāliter		
N.V.	trīstēs	trīstia
Acc.	trīstēs	trīstia
Gen.	trīstium	trīstium
Dat.	trīstibus	trīstibus
Abl.	trīstibus	trīstibus

ācer, ācris

Singulāriter	*M.*	*F.*	*N.*
N.V.	ācer	ācris	ācre
Acc.	ācrem	ācrem	ācre
Gen.	ācris	ācris	ācris
Dat.	ācrī	ācrī	ācrī
Abl.	ācrī	ācrī	ācrī
Plūrāliter			
N.V.	ācrēs	ācrēs	ācria
Acc.	ācrēs	ācrēs	ācria
Gen.	ācrium	ācrium	ācrium
Dat.	ācribus	ācribus	ācribus
Abl.	ācribus	ācribus	ācribus

audāx, audācis

Singulāriter	M.F.	N.
N.V.	audāx	audāx
Acc.	audācem	audāx
Gen.	audācis	audācis
Dat.	audācī	audācī
Abl.	audācī	audācī
Plūrāliter		
N.V.	audācēs	audācia
Acc.	audācēs	audācia
Gen.	audācium	audācium
Dat.	audācibus	audācibus
Abl.	audācibus	audācibus

PRŌNŌMINA

Singulāriter		
Nōm.	ego	tū
Acc.	mē	tē
Gen.	meī	tuī
Dat.	mihi	tibĭ
Abl.	mē	tē
Plūrāliter		
Nōm.	nōs	vōs
Acc.	nōs	vōs
Gen.	nostrī, nostrum	vestrī, vestrum
Dat.	nōbīs	vōbīs
Abl.	nōbīs	vōbīs

Singulāriter et Plūrāliter	
Acc.	sē
Gen.	suī
Dat.	sibi
Abl.	sē

Singulāriter

	M.	F.	N.	M.	F.	N.
Nōm.	hīc	haec	hōc	ille	illa	illud
Acc.	hunc	hanc	hōc	illum	illam	illud
Gen.	hūius	hūius	hūius	illīus	illīus	illīus
Dat.	huīc	huīc	huīc	illī	illī	illī
Abl.	hōc	hāc	hōc	illō	illā	illō

Plūrāliter

	M.	F.	N.	M.	F.	N.
Nōm.	hī	hae	haec	illī	illae	illa
Acc.	hōs	hās	haec	illōs	illās	illa
Gen.	hōrum	hārum	hōrum	illōrum	illārum	illōrum
Dat.	hīs	hīs	hīs	illīs	illīs	illīs
Abl.	hīs	hīs	hīs	illīs	illīs	illīs

Singulāriter

	M.	F.	N.	M.	F.	N.
Nōm.	iste	ista	istud	ipse	ipsa	ipsum
Acc.	istum	istam	istud	ipsum	ipsam	ipsum
Gen.	istīus	istīus	istīus	ipsīus	ipsīus	ipsīus
Dat.	istī	istī	istī	ipsī	ipsī	ipsī
Abl.	istō	istā	istō	ipsō	ipsā	ipsō

Plūrāliter

	M.	F.	N.	M.	F.	N.
Nōm.	istī	istae	ista	ipsī	ipsae	ipsa
Acc.	istōs	istās	ista	ipsōs	ipsās	ipsa
Gen.	istōrum	istārum	istōrum	ipsōrum	ipsārum	ipsōrum
Dat.	istīs	istīs	istīs	ipsīs	ipsīs	ipsīs
Abl.	istīs	istīs	istīs	ipsīs	ipsīs	ipsīs

Singulāriter

	M.	F.	N.	M.	F.	N.
Nōm.	is	ea	id	īdem	eadem	idem
Acc.	eum	eam	id	eundem	eandem	idem
Gen.	ēius	ēius	ēius	ēiusdem	ēiusdem	ēiusdem
Dat.	eī	eī	eī	eīdem	eīdem	eīdem
Abl.	eō	eā	eō	eōdem	eādem	eōdem

Plūrāliter

	M.	F.	N.	M.	F.	N.
N.V.	eī	eae	ea	eīdem	eaedem	eadem
Acc.	eōs	eās	ea	eōsdem	eāsdem	eadem
Gen.	eōrum	eārum	eōrum	eōrundem	eārundem	eōrundem
Dat.	eīs	eīs	eīs	eīsdem	eīsdem	eīsdem
Abl.	eīs	eīs	eīs	eīsdem	eīsdem	eīsdem

Singulāriter

	M.	F.	N.	M.F.	N.
Nōm.	quī	quae	quod	quis	quid
Acc.	quem	quam	quod	quem	quid
Gen.	cūius	cūius	cūius	cūius	cūius
Dat.	cuī	cuī	cuī	cuī	cuī
Abl.	quō	quā	quō	quō	quō

Plūrāliter

	M.	F.	N.	M.	F.	N.
Nōm.	quī	quae	quae	quī	quae	quae
Acc.	quōs	quās	quae	quōs	quās	quae
Gen.	quōrum	quārum	quōrum	quōrum	quārum	quōrum
Dat.	quibus	quibus	quibus	quibus	quibus	quibus
Abl.	quibus	quibus	quibus	quibus	quibus	quibus

Singulāriter

	M.	F.	N.
Nōm.	nūllus	nūlla	nūllum
Acc.	nūllum	nūllam	nūllum
Gen.	nūllīus	nūllīus	nūllīus
Dat.	nūllī	nūllī	nūllī
Abl.	nūllō	nūllā	nūllō

Plūrāliter

	M.	F.	N.
Nōm.	nūllī	nūllae	nūlla
Acc.	nūllōs	nūllās	nūlla
Gen.	nūllōrum	nūllārum	nūllōrum
Dat.	nūllīs	nūllīs	nūllīs
Abl.	nūllīs	nūllīs	nūllīs

Similiter: alius
      alter, -a, -um (alterius)
      neuter, neutra, neutrum
      sōlus (sōlīus)
      tōtus (tōtīus)
      ūllus (ūllīus)

GRADŪS COMPARĀTIŌNIS

A. ADIECTIVA

	Positīvus	*Comparātīvus*	*Superlātīvus*
(a)	longus	longior	longissimus
	crūdēlis	crūdēlior	crūdēlissimus
	audāx	audācior	audācissimus
	prūdēns	prūdentior	prūdentissimus
(b)	pulcher	pulchrior	pulcherrimus
	ācer	ācrior	ācerrimus
	celer	celerior	celerrimus
(c)	similis	similior	simillimus
(d)	bonus	melior	optimus
	māgnus	māior	māximus
	malus	pēior	pessimus
	parvus	minor	minimus

B. ADVERBIA

Positīvus	*Comparātīvus*	*Superlātīvus*
longē	longius	longissimē
crūdēliter	crūdēlius	crūdēlissimē
audācter	audācius	audācissimē
pulchrē	pulchrius	pulcherrimē
ācriter	ācrius	ācerrimē
bene	melius	optimē
māgnopere	magis	māximē
male	pēius	pessimē
——	minus	minimē
multum	plūs	plūrimum

NUMERĪ

	M.	F.	N.
Nōm.	ūnus	ūna	ūnum
Acc.	ūnum	ūnam	ūnum
Gen.		ūnīus	
Dat.		ūnī	
Abl.	ūnō	ūnā	ūnō
Nōm.	duo	duae	duo
Acc.	duōs	duās	duo
Gen.	duōrum	duārum	duōrum
Dat.	duōbus	duābus	duōbus
Abl.	duōbus	duābus	duōbus

Similiter: ambō

	M.F.	N.
Nōm.	trēs	tria
Acc.	trēs	tria
Gen.	trium	trium
Dat.	tribus	tribus
Abl.	tribus	tribus

ūnus, -a, -um	prīmus, -a, -um
duo, -ae, -o	secundus
trēs, tria	tertius
quattuor	quārtus
quīnque	quīntus
sex	sextus
septem	septimus
octō	octāvus
novem	nōnus
decem	decimus
ūndecim	ūndecimus
duodecim	duodecimus
tredecim	tertius decimus
quattuordecim	quārtus decimus

quīndecim	quīntus decimus
sēdecim	sextus decimus
septendecim	septimus decimus
duodēvīgintī	duodēvīcēsimus
ūndēvīgintī	ūndēvīcēsimus
vīgintī	vīcēsimus
vīgintī ūnus	vīcēsimus prīmus
vīgintī duo	vīcēsimus secundus
vīgintī trēs	vīcēsimus tertius
trīgintā	trīcēsimus
quadrāgintā	quadrāgēsimus
quīnquāgintā	quīnquāgēsimus
sexāgintā	sexāgēsimus
septuāgintā	septuāgēsimus
octōgintā	octōgēsimus
nōnāgintā	nōnāgēsimus
centum	centēsimus
mīlle	mīllēsimus

VERBA

Vox Activa

IMPERATIVUS MODUS

vocā	monē	claude (cape)	audī
vocāte	monēte	claudite (capite)	audīte

INDICATIVUS MODUS

Tempus Praesēns

vocō	moneō	claudō	faciō	audiō
vocās	monēs	claudis	facis	audīs
vocat	monet	claudit	facit	audit
vocāmus	monēmus	claudimus	facimus	audīmus
vocātis	monētis	clauditis	facitis	audītis
vocant	monent	claudunt	faciunt	audiunt

Tempus Futūrum

vocābō	monēbō	claudam	faciam	audiam
vocābis	monēbis	claudēs	faciēs	audiēs
etc.	etc.	etc.	etc.	etc.
vocābunt	monēbunt			

Tempus Imperfectum

vocābam	monēbam	claudēbam	faciēbam	audiēbam
vocābās	monēbās	claudēbās	faciēbās	audiēbās
etc.	etc.	etc.	etc.	etc.

Tempus Perfectum

vocāvī	monuī	clausī	fēcī	audīvī
vocāvistī	monuistī	clausistī	etc.	etc.
vocāvit	monuit	clausit		
vocāvimus	monuimus	clausimus		
vocāvistis	monuistis	clausistis		
vocāvērunt	monuērunt	clausērunt		
(-ēre)	(-ēre)	(-ēre)		

Tempus Plūsquam perfectum

vocāveram	monueram	clauseram	fēceram	audīveram
etc.	etc.	etc.	etc.	etc.

Tempus Futūrum et perfectum

vocāverō	monuerō	clauserō	fēcerō	audīverō
vocāveris	etc.	etc.	etc.	etc.
etc.				
vocāverint				

PARTICIPIA

Tempus Praesēns

vocāns	monēns	claudēns	faciēns	audiēns

Tempus Futūrum

vocātūrus	monitūrus	clausūrus	factūrus	audītūrus

INFINITIVUS MODUS

Tempus Praesēns

vocāre	monēre	claudere	facere	audīre

Tempus Perfectum

vocāvisse	monuisse	clausisse	fēcisse	audīvisse

Tempus Futūrum

vocātūrus	monitūrus	clausūrus	factūrus	audītūrus
esse	esse	esse	esse	esse

Vox Passiva

IMPERATIVUS MODUS

vocāre	monēre	claudere	audīre
vocāminī	monēminī	claudiminī	audīminī

INDICATIVUS MODUS

Tempus Praesēns

vocor	moneor	claudor	audior
vocāris	monēris	clauderis	audīris
vocātur	monētur	clauditur	audītur
vocāmur	monēmur	claudimur	audīmur
vocāminī	monēminī	claudiminī	audīminī
vocantur	monentur	clauduntur	audiuntur

Tempus Futūrum

vocābor	monēbor	claudar	audiar
vocāberis	monēberis	claudēris	audiēris
vocābitur	monēbitur	claudētur	audiētur
vocābimur	etc.	etc.	etc.

Tempus Imperfectum

vocābar	monēbar	claudēbar	audiēbar
vocābāris	etc.	etc.	etc.
vocābātur			
vocābāmur			
vocābāminī			
vocābantur			

Tempus Perfectum

vocātus sum	monitus sum	clausus sum	audītus sum
etc.	etc.	etc.	etc.

Tempus Plūsquam perfectum

vocātus eram	monitus eram	clausus eram	audītus eram
etc.	etc.	etc.	etc.

Tempus Futūrum et perfectum

vocātus erō	monitus erō	clausus erō	audītus erō
etc.	etc.	etc.	etc.

PARTICIPIA

Tempus Perfectum

vocātus	monitus	clausus	audītus

INFINITIVUS MODUS

Tempus Praesēns

vocārī	monērī	claudī	audīrī

Tempus Perfectum

vocātus esse	monitus esse	clausus esse	audītus esse

Tempus Futūrum

vocātum īrī	monitum īrī	clausum īrī	audītum īrī

esse

Praesēns	*Futūrum*	*Imperf.*
sum	erō	eram
es	eris	erās
est	erit	erat
sumus	erimus	erāmus
estis	eritis	erātis
sunt	erunt	erant

Perfect.	*Plūsquam perf.*	*Fut. et perf.*
fuī	fueram	fuerō
fuistī	fuerās	fueris
fuit	fuerat	fuerit
fuimus	fuerāmus	fuerimus
fuistis	fuerātis	fueritis
fuērunt (-ēre)	fuerant	fuerint

INFINITIVUS MODUS

Praesēns: esse   *Perfectum:* fuisse

posse

Praesēns	*Futūrum*	*Imperf.*
possum	poterō	poteram
potes	etc.	etc.
potest		
possumus		
potestis		
possunt		

Perfect.	*Plūsquam perf.*	*Fut. et perf.*
potuī	potueram	potuerō
etc.	etc.	etc.

INFINITIVUS MODUS

Praesēns: posse   *Perfectum:* potuisse

eō, īre, īvī (iī), itum

Praesēns	Futūrum	Imperfectum
eō	ībō	ībam
īs	ībis	ībās
it	ībit	ībat
īmus	ībimus	ībāmus
ītis	ībitis	ībātis
eunt	ībunt	ībant

Imperātīvus	Participium praesēns
ī	iēns, euntis
īte	

volō,	velle,	voluī
nōlō,	nōlle,	nōluī
mālō,	mālle,	māluī

Praesēns tempus indicātīvī modī

volō	nōlō	mālō
vīs	nōnvīs	māvīs
volt	nōnvolt	māvolt
volumus	nōlumus	mālumus
voltis	nōnvoltis	māvoltis
volunt	nōlunt	mālunt

ferō, ferre, tulī, lātum

Praesēns

ferō
fers
fert
ferimus
fertis
ferunt

fīō, fierī, factus sum

INDICATIVUS MODUS

Praesēns	*Futūrum*	*Imperfectum*	*Perfectum*
fīō	fīam	fīēbam	factus sum
fīs	fīēs	fīēbās	
fit	fīet	fīēbat	
	fīēmus	fīēbāmus	
	fīētis	fīēbātis	
fīunt	fīent	fīēbant	

INFINITIVUS MODUS

Praesēns	fierī
Perfectum	factus esse
Futūrum	factum īrī

PARTICIPIUM

Perfectum	factus

edō, ēsse, ēdī, ēsum

Praesēns	*Imperātīvus modus*
edō	*Sing.* ēs
ēs	*Pl.* ēste
ēst	
edimus	
ēstis	
edunt	

PARS TERTIA

SENTENTIAE ANGLICAE

SENTENTIAE ANGLICAE

§ I.

A.

1. Marcus hits Sextus.
2. Sextus hits Marcus.
3. The master sees the boys.
4. The boys see the master.
5. The eyes of Marcus are blue.
6. Marcus closes his eyes.
7. The boy touches his nose with his finger.
8. Publius gives a book to Sextus.
9. Many boys have large feet.
10. The fingers of Publius are dirty.

B.

1. The nose smells.
2. I touch the nose.
3. The ears hear.
4. I touch the ears.
5. I smell with the nose.
6. I hear with the ears.
7. My eyes are blue.
8. I shut my eyes.
9. I see with my eyes.
10. I have dirty fingers.

C.

1. Marcus shuts his eyes and opens his mouth.
2. Food is good.
3. I like good food.

4. The fingers hold a pen.
5. I hold my pen with the fingers.
6. The master hits my fingers.
7. He gives many books to his pupils.
8. Many books are on the table.
9. The window is shut.
10. We touch the open window.

D.

1. Quintus's hair is black.
2. I touch Quintus's black hair.
3. Raise your little fingers.
4. Here are five fingers.
5. Give my book to Marcus.
6. This is my book.
7. Open the window and shut the door.
8. The door is shut and the window open.
9. The master writes on the black-board with white chalk.
10. Touch the black-board and take the chalk.

§ II.

A.

1. The boy who is writing is Marcus.
2. Whose book are you reading?
3. You are the boys whom I ought to teach.
4. Do you see the book which I am holding?
5. Take the chalk which I am holding.
6. Do you see the windows which I am opening?
7. Sextus and Marcus are pupils whose heads are large.
8. You are the boy to whom I give a book.
9. The feet are the members of the body with which we walk.
10. I see the girls who play.

B.

1. The boys who pay attention understand well.
2. The boys whom I teach understand well.
3. We see the master who teaches us.
4. Marcus is a pupil whose master is kind.
5. Do you see the boy to whom the master is giving the chalk?
6. The nose is the member of the body with which we smell.
7. The eyes are the members of the body with which we see.
8. The ears are the members of the body with which we hear.
9. Whose hair is black?
10. The girls whose books I see are playing.

C.

1. Boys whose feet are large can run well.
2. The boy who is shutting the door is Marcus.
3. The boy whom I touch is Sextus.
4. The boy whose head I touch is Publius.
5. The boy to whom I give a book is Quintus.
6. The boys who are playing are Marcus and Publius.
7. The boys whom I teach pay attention.
8. The boys whose books I am collecting are my pupils.
9. The boys to whom I distribute paper are my pupils.
10. Open the window which you see.

D.

1. This is the book which I am writing.
2. These are the boys who are playing.
3. These are the boys whom I teach.
4. Where are the windows which we ought to open?
5. Which is the door which we ought to open?

6. This is the boy whose master I see.
7. Take the books which I hold.
8. Take the chalk which I hold.
9. The teeth are the instruments with which we bite food.
10. A pen is that with which we write.

§ III.

A.

1. Marcus is fatter than Sextus.
2. Sextus is thinner than Marcus.
3. I am wiser than you.
4. You are more stupid than I.
5. Boys are braver than girls.
6. My uncle is wiser than your father.
7. Your father is more stupid than my uncle.
8. The mind is better than the body.
9. Latin is more difficult than French.
10. French is easier than Latin.

B.

1. Sextus is taller than Quintus.
2. Quintus is taller than Marcus.
3. We are wiser than you (*plural*).
4. You are more stupid than we.
5. Who is braver than my father?
6. Who is wiser than my uncle?
7. One is braver than another.
8. The boy is bolder than a soldier.
9. My brother is bolder than your uncle.
10. Brothers are better than sisters.

C.

1. Do you see the boy who is taller than Sextus?
2. Who is wiser than the boy to whom I give the book?
3. Your pupils are wiser than the boys whom I teach.
4. He is braver than the boy whose father is a soldier.
5. The boys who are playing are happier than those who are writing.
6. These boys are fatter than those who eat much.
7. Who is braver than the soldier who defends his country?
8. Who is wiser than the pupils whom the master teaches?
9. Can you see a boy who is fatter than Marcus?
10. These windows are larger than those which you are opening.

D.

1. This pupil is wiser than the one whom you teach.
2. Who is wiser than the boy who understands Greek?
3. Sextus is wiser than the boys whose books I collect.
4. They are braver than the soldiers whom I see.
5. This is sharper than the teeth with which we bite.
6. You are sadder than the pupils to whom I give books.
7. Who is taller than Atlas who carries the sky on his shoulders?
8. Marcus is wiser than the boy whose riddle he solves.
9. No one is braver than soldiers who fight.
10. The girls whom mother teaches are wiser than the boys whom you teach.

§ IV.

A.

1. Look at the boys playing in the garden.
2. We see the soldier fighting against the enemies of the Romans.
3. He wounds the enemy with his sword and javelin.

7–2

4. This is a helmet covering the soldier's head.
5. Lift the helmet covering the soldier's head.
6. Here is a breast-plate protecting the soldier's chest.
7. Touch the breast-plate protecting the soldier's chest.
8. These are shorts covering the soldier's legs.
9. Do you see the shorts covering the soldier's legs?
10. I see the soldiers fighting for their country.

B.

1. Here are boots covering the soldier's feet.
2. Look at the boots covering the soldier's feet.
3. Here is a soldier carrying a shield.
4. We see a soldier carrying a shield.
5. Here is a soldier defending his country.
6. We see a soldier defending his country.
7. Here is a sword hanging from the soldier's belt.
8. We see the sword hanging from the soldier's belt.
9. We are boys learning Latin.
10. The master teaches the boys learning Latin.

C.

1. Who can be braver than a soldier defending his country?
2. Who can be happier than a boy learning Latin?
3. These are soldiers defending their country whose shields you see.
4. These are boys learning Latin whose voices you hear.
5. I see the boy, whom you teach, playing in the garden.
6. Listen to the pupils, whom I teach, reading aloud.
7. Do you see Marcus, whose book I hold, going home?
8. What can be more useful than a shield with which a soldier defends himself?
9. What is sharper than the sword with which the soldier wounds the enemy?
10. The master hears the boys solving riddles.

D.

1. Look at the javelins of the soldiers defending their country.
2. The master gives books to the boys learning Latin.
3. Look at the javelins of the soldiers who defend their country.
4. The master gives books to the boys who learn Latin.
5. Do you see the helmet of the soldier fighting for his country?
6. Do you see the helmet of the soldier who fights for his country?
7. Take the helmet of the soldier whom you see fighting for his country.
8. These are the swords of the soldiers whom you see fighting for their country.
9. Give these swords to the soldiers whom you see fighting for their country.
10. These soldiers are not braver than boys who learn Latin.

§ V.

A.

1. The caller knocks at the door which is shut.
2. All, whom the caller awakes, are sleeping.
3. The clients, whom the doorkeeper leads in, take the little baskets.
4. The good client receives a better basket than the others.
5. The beef which we eat is better than the beef in the basket.
6. The doorkeeper, who opens the door, opens his mouth.
7. The clients see the patron writing letters in his study.

8. The good client wishes to greet the patron whom he does not see.
9. The client takes the basket which the patron gives him.
10. Can you hear the crowing cock?

B.

1. The client, who receives a good basket, thanks the patron.
2. The patron sees the client to whom he gives a basket.
3. The patron, whom the clients greet, is kinder than the doorkeeper.
4. We are happier than the clients whose baskets are empty.
5. The doorkeeper watches the clients greeting the patron.
6. The doorkeeper watches the client drawing out the beef from the basket.
7. Do you see him holding his nose with his fingers?
8. Is the basket, which contains the beef, better than the other baskets?
9. The master sees us writing these sentences.
10. We are wiser than the boys whose sentences contain many mistakes.

§ VI.

A.

1. Marcus raised his hand.
2. The master taught the boys.
3. The caller knocked at the door.
4. You have written three sentences.
5. I opened the window.
6. You (*plural*) have seen the soldiers.
7. The soldiers have captured the city.
8. We have shut the door.
9. Antonius gave a book to Decimus.
10. The phrenologist felt my head.

B.

1. The boys lifted Marcus onto their shoulders.
2. The master birched him.
3. The phrenologist explained the character and nature of each boy.
4. We saw the phrenologist feeling the boys' heads.
5. You (*plural*) fell down yesterday.
6. The master seized his cane.
7. The phrenologist received many bumps.
8. We drove the phrenologist out of the school.
9. They could not count his bumps.
10. Have you written these sentences correctly?

C.

1. Have you seen the basket which the patron gave to the caller?
2. Did they take the letters which I wrote yesterday?
3. I saw the client smelling the beef which was in the basket.
4. We have never seen more stony bread.
5. The master seized his cane with which he drove the phrenologist out of the school.
6. Have you ever seen a soldier bolder than this phrenologist?
7. I have never seen boys more stupid than your pupils.
8. Did you hear the callers knocking at the door?
9. The phrenologist saw the boys writing.
10. They saw the patron coming to us.

D.

1. The soldiers, who defend their country, took their swords.
2. The clients heard the cock crowing.
3. The doorkeeper led the clients, whom he saw, into the hall.

4. The client spat out the beef which he smelt.
5. I saw the phrenologist feeling your bumps.
6. The boys took the books which the master held.
7. I saw a boy fatter than you.
8. Have you seen Atlas carrying the sky on his shoulders?
9. We took the helmets which protected our heads.
10. I saw the boys playing in the garden.

§ VII.

A.

1. The king walked along the beach.
2. A flatterer saw the king walking along the beach.
3. The king heard the flatterer talking nonsense.
4. I saw the flatterer putting a chair near the sea.
5. The tide wet the feet of the king who sat down.
6. The waves did not obey the king.
7. We heard the king calling the flatterer a fool.
8. Did you see the king who walked for pleasure along the beach?
9. The flatterer was more foolish than the king.
10. The king was wiser than the flatterer.

B.

1. We heard the master telling a story.
2. I saw the boys leaning over their pens and writing tablets.
3. Have you heard the story which the master told us?
4. The king saw the waves coming nearer.
5. The flatterer saw the waves which wetted the king's feet.
6. The king stretched out his legs which the waves wetted.
7. He blamed the flatterer who called him omnipotent.
8. Did you see the waves wetting the king's feet?
9. I saw the tide rising.
10. Who saw the king sitting near the sea?

§ VIII.

A.

1. We will hurry to school.
2. The master will order us to sit down.
3. The boys will write with pens in their note-books.
4. The master will write with chalk on the black-board.
5. Antonius will give me a book.
6. Marcus will hit Sextus.
7. Sextus will hit Marcus.
8. The boys will play in the garden.
9. The doorkeeper will open the door.
10. You (*plural*) will come in.

B.

1. The client will take the basket.
2. We shall smell the beef.
3. You (*plural*) will see the phrenologist.
4. The boys will laugh.
5. I shall shut the window.
6. Who will be able to do this?
7. The phrenologist will feel our bumps.
8. The patron will give a basket to the client.
9. The clients will greet the patron.
10. We shall see the master teaching.

C.

1. I will give you the book which I have written.
2. Will you sit on the chair which I have placed near the window?
3. The master will see you (*plural*) playing.
4. We shall not see the books which the boys have written.

5. Who will open the letters which I have received?
6. To-morrow we shall see the clients greeting the patron.
7. I shall never see a wiser boy than Marcus.
8. Will you open the window which is shut?
9. The tide will wet the feet of the king sitting near the sea.
10. The master will hit the heads of the boys playing in the garden.

D.

1. Will you take the baskets which I have placed on the table?
2. Will you (*plural*) watch the soldiers who will come to-day?
3. The flatterer will see the king walking along the shore.
4. We shall never eat better bread than this.
5. The boys will take the books which the master will give them.
6. You (*plural*) will hear the master teaching the boys.
7. Have you seen the boy who broke this window?
8. Will you give me a pen with which I can write?
9. I shall not open the windows which you have closed.
10. The phrenologist will feel many bumps on my head.

§ IX.

A.

1. The king was walking along the shore for pleasure.
2. The boys were playing in the garden.
3. You (*plural*) were not attending.
4. We were opening the windows.
5. The king was hunting wild beasts in the woods.
6. The king's horse was limping.
7. The king's companions were spurring on their horses.

8. The stepmother was watching her stepson.
9. We were watching the stepmother giving a dagger to the slave.
10. The herds were seeking the shade.

B.

1. The old woman was giving a bone to the dog.
2. The clients were greeting the patron.
3. The patron was writing letters in his study.
4. We were attending.
5. You (*plural*) were watching the soldiers.
6. I was shutting the door.
7. The master was teaching the boys.
8. The boys were reading aloud.
9. We were collecting the books.
10. The books were lying on the table.

C.

1. The wild beasts, which the king was hunting, broke out from all sides.
2. His companions saw the king's horse limping.
3. I saw the king going to his stepmother's house.
4. The slave, to whom the stepmother gave the dagger, will stab the king.
5. The stepmother was giving a cup to her stepson.
6. Who saw the slave approaching from behind?
7. We were watching the herds seeking the shade.
8. The hunters were pursuing the wild beasts which they were hunting.
9. The dog went without the bone which the old woman did not give it.
10. The cupboard, which the old woman opened, was empty

D.

1. We saw the king who was sitting near the sea.
2. The boys were watching the phrenologist feeling the master's bumps.
3. We will open the windows which you were cleaning.
4. Did you (*plural*) see the soldiers defending their country?
5. I will give you a helmet which will protect your head.
6. Will you (*plural*) take the books which we were collecting?
7. The hunters were watching the slave approaching from behind.
8. I have seen the baskets which the clients were opening.
9. I did not smell the beef which the caller was smelling.
10. We shall see the boys playing in the garden.

§ X.

A.

1. Did you see the pig eating the master's apples?
2. The boys were throwing bad eggs at the Britons.
3. The doctor was looking at the tongue of the boy lying in bed.
4. Marcus, who has stomach-ache, will not get up.
5. I do not like boys who eat too much.
6. We shall see Caesar leading the Britons in triumph.
7. You (*plural*) have seen the boys who were writing in school.
8. This is the phrenologist who was feeling our bumps.
9. Look at the phrenologist who was feeling our bumps.
10. Here is Marcus who was playing truant.

B.

1. Please, mother, give me some bacon.
2. I can eat three eggs and much bread.

3. The doctor will not come to-day.
4. Did you see the doctor yesterday?
5. The pupils will open their books.
6. The master was not teaching the pupils.
7. Soldiers throw spears against the enemy.
8. We saw the procession yesterday.
9. Do you see Marcus sitting on the wall?
10. If you will run, you will catch the pig.

§ XI.

A.

1. We were watching the whales squirting water into the air.
2. You shall see the trees which are growing in the garden.
3. What is more beautiful than an ash?
4. Did you see the witch flying to her cottage?
5. The fisherman did not catch the fish which were swimming in the sea.
6. I saw a witch drawing the moon down from the sky.
7. Did you see the monster which was chasing the whales to the shore?
8. You will see a stag standing on the top of the mountain.
9. We saw a mountain-torrent laying low the crops and the ploughed lands.
10. Who was trying to swim in the sea?

B.

1. We will swim in the sea to-morrow.
2. Many birds were flying in the air.
3. The monster lives in a cave near the witch's cottage.
4. Beautiful trees are growing in our garden.
5. Boys have ten fingers.

6. Men have two ears.
7. A large river flows from the top of the mountain.
8. Many fish swim in the sea.
9. A bridge crosses the river.
10. Do you see the man standing near the bridge?

§ XII.

A.

1. The boys were raising their hands.
2. I have the money in my hand.
3. The soldiers were marching for five days.
4. On the sixth day they reached home.
5. We were approaching the old woman.
6. On the third day we will go onboard ship.
7. The stag has large horns.
8. Small boys often have dirty hands.
9. The bull will toss you.
10. I will give you many things.

B.

1. Titus was studying grammar.
2. Those who do not understand ought to raise their hands.
3. We shall see many ships in a few days.
4. The clients were carrying many things.
5. On what day do you wish to go home?
6. You will be better on the fourth day.
7. This is the best part of the house.
8. Take this piece of a stag's horn.
9. Can you see the horns of the stag standing on the top of the mountain?
10. The master gives his pupils various things.

§ XIII.

A.

1. Did you see the window which the boys had broken?
2. The master gave me the book which he had written.
3. The caller smelt the beef which he had found in his basket.
4. We saw the clients who had entered the house.
5. The master hit the phrenologist with the cane which he had seized.
6. I have opened the windows which you (plural) had shut.
7. He collected the books which we had taken.
8. The soldiers raised the swords with which they had killed the enemy.
9. The master led away the pig which Marcus had caught.
10. The master spared Marcus who had caught the pig.

B.

1. Did you see the house which Jack had built?
2. He placed a heap of corn in the house which he had built.
3. The cat killed the mouse which had eaten the corn.
4. The dog bit the cat which had killed the mouse.
5. The cow tossed the dog which had bitten the cat.
6. The maiden was milking the cow which had tossed the dog.
7. The young man loved the maiden who had milked the cow.
8. The cock broke the slumbers of the priest who had given the maiden to the young man.
9. This farmer gave the barley, which he had sown in the furrows, to the cock.
10. This priest wished to kill the cock which had disturbed his slumbers.

C.

1. The caller took the basket which the patron had given him.
2. Marcus caught the pig which had eaten the master's apples.
3. I saw the soldiers who had fought for their country.
4. The fisherman took home the fish which he had caught.
5. Did you (*plural*) see the man who had heard you singing?
6. The doorkeeper shut the door which I had opened.
7. The master caned the boys who had played truant.
8. We counted the trees which we had seen growing in the garden.
9. The witch, whom you see flying through the air, is sitting on a broom.
10. I will give you the fish which I have caught.

D.

1. We will read the books which the master has given us.
2. The doorkeeper took the letters which the patron had written.
3. Collect the eggs which the boys have thrown at the Britons.
4. I saw you reading the book which I had given you.
5. The phrenologist felt the bumps which father had made with his boot.
6. We had seen the birds flying in the air.
7. The monster will frighten the whales which were swimming in the sea.
8. The witch will raise up souls from the bottom of the grave.
9. I will go to the cottage which the witch has built on the shore.
10. The cat had seen the mouse eating the corn.

§ XIV.

A.

1. If you hit me I shall hit you.
2. If they hit us we will hit them.
3. If he gives me the money I will buy the book.
4. If you (*plural*) come we will give you the money.
5. If you open the door I will come in.
6. When I have read the book I will give it to you.
7. When the cock has crowed the clients will come.
8. When I have seen your father I will give him the money.
9. When they have heard you singing they will go away.
10. When you have seen your father you will be happier.

B.

1. When you have awakened the guards, come back.
2. If you open the gates, we will go to an inn.
3. If he does not do your commands, we will kill him.
4. If you make my father chancellor of the exchequer, he will give you much money.
5. What will you give the king, if he makes you chancellor of the exchequer?
6. If the king makes me chancellor of the exchequer, I will faithfully take care of it.
7. If you (*plural*) do this, I shall praise you.
8. If you praise me, I shall be happy.
9. If the merchants go to the inn, they will be able to eat some food.
10. If you give us food, we will eat it.

C.

1. The client will take the basket, if you give it to him.
2. If the phrenologist comes, he will feel your bumps.
3. If you go home, you will see father writing letters.
4. When they come they will give you the letters which they have written.
5. The boys had never seen a master laughing before.
6. If you come to our school, you will often see the masters laughing.
7. Marcus did not drink the medicine which the doctor had given him.
8. If you give me some rotten eggs, I will throw them at the Britons.
9. When the master comes, he will see the boys playing.
10. Have you seen the letter which father was writing in his study?

D.

1. If the cat sees the mouse, it will kill it.
2. The chancellor of the exchequer has taken the money which we gave him.
3. If you appoint me leader of the soldiers, they will fight well.
4. When the doorkeeper has opened the door, the clients will come in.
5. We were watching the boys playing in the garden.
6. I had never seen a taller boy than Quintus.
7. The guards were opening the city gates which they had closed.
8. The tired merchants went to the inn which they had seen.
9. If the merchants come, open the gates.
10. When the king has heard the flatterer, he will blame him.

§ XV.

A.

1. There are many temples in Rome.
2. What do men do at Corinth?
3. At Cadiz stand the pillars of Hercules.
4. At Ephesus there is a very beautiful temple.
5. Philosophers used to live (*imperfect*) at Miletus.
6. Is mother at home?
7. Do you see that book lying on the ground?
8. There are many fishermen at Tarentum.
9. At Brundisium there was a splendid harbour.
10. Titus, who did not like grammar, used to live at Rome.

B.

1. At Carthage we saw the queen Dido.
2. At Cadiz we shall see the gardens of the Hesperides.
3. At Athens you can see many temples.
4. If you go to the south you will see the queen at Carthage.
5. If you go to the north you will see Titus at Rome.
6. If the merchants go to the east they will find many inns at Ephesus.
7. At Brundisium we saw many ships in the harbour.
8. If you go westward you will come to Cadiz.
9. If you see the serpent, you must kill it.
10. We have seen boys swimming at Tarentum.

§ XVI.

A.

1. The patron will be greeted by the clients.
2. The corn was being eaten by the mouse.
3. The boys are being taught by the master

4. You were being bitten by the dog.
5. We are being wounded by the soldiers.
6. You (*plural*) will be praised by the master.
7. They will be hit by us.
8. The apples were being eaten by the pig.
9. The maiden was being loved by the young man.
10. We shall be caught by the guards.

B.

1. The city will be captured by the soldiers.
2. You (*plural*) will be conquered by the enemy.
3. They will be killed with swords.
4. Marcus was being beaten by his father.
5. We were being taught by the master.
6. The boys' heads are being felt by the phrenologist.
7. The country is being defended with swords and javelins.
8. The baskets were being taken by the clients.
9. You (*plural*) will be watched by the guards.
10. We are being blamed by the patron.

C.

1. The flatterer, who was being blamed by the king, was very stupid.
2. The flatterer, whom the king was blaming, showed himself very stupid.
3. The patron, whom the clients were greeting, was very kind.
4. The patron, who was being greeted by the clients, showed himself very kind.
5. We heard the master blaming his pupils.
6. The master was heard blaming his pupils.
7. I saw the doorkeeper opening the door.
8. The door was being opened by the doorkeeper.
9. These are the baskets which were being taken by the clients.
10. Touch the baskets which the clients were taking.

D.

1. The priest will be awakened by the cock.
2. We shall see the house which was being built by Jack.
3. These crops will be laid low by the mountain-torrent.
4. The birds will eat the barley seeds.
5. The barley seeds will be eaten by the birds.
6. The whales swimming in the sea are being frightened by the monster.
7. The moon is being drawn down from the sky by the witch.
8. The stag standing on the top of the mountain is being hunted by the huntsmen.
9. Our bumps are being felt by the phrenologist.
10. You (*plural*) will be tossed by the cow.

§ XVII.

A.

1. Many fish were caught by me.
2. The patron had been greeted by the clients.
3. The boys will have been blamed by the master.
4. You (*plural*) have been deceived by the soldiers.
5. We have been captured by the guards.
6. The girls have not been taught by the master.
7. The apples have been eaten by the pig.
8. The corn has been eaten by the mouse.
9. I have been praised by many men.
10. This letter has been written by a friend.

B.

1. The fish had been placed in the basket.
2. They will all have been collected by the slave.
3. The fish have been taken by a thief.
4. Titus had been beaten by the master.

5. His grammar has been neglected by Titus.
6. The cat has been bitten by the dog.
7. The city will have been captured by the soldiers.
8. You (*plural*) have been called by your father.
9. We had been seen by the master.
10. She has been praised by me.

C.

1. Have you seen the baskets which have been taken by the clients?
2. The gates of the city will have been opened by the guards.
3. The patron was seen by the clients whom you saw.
4. This house was built by Jack.
5. The corn which you see has been placed here by the farmer.
6. These furrows which you see have been made by the plough.
7. The fish had been stolen by a thief.
8. You (*plural*) will see the inns which have been built by the merchants.
9. My father has been made chancellor of the exchequer.
10. The king was seen by the flatterer walking along the shore.

D.

1. The pig, which ate the master's apples, has been caught by Marcus.
2. The boy did not drink the medicine which had been brought by the doctor.
3. You will see the Britons, whom Caesar has conquered, walking in the procession.
4. The procession will be seen by many Romans.
5. We shall not be frightened by the whales which you see.
6. You (*plural*) have not been wounded by the soldiers who are fighting.

7. The gates, which you see, have not been opened by us.
8. The boys, who threw the bad eggs, had not been taught by me.
9. We did not see the pigs which have been killed by you.
10. We have never been frightened by a smaller dog.

§ XVIII.

A.

1. The feet of the slaves had been smeared with chalk.
2. You will hear the auctioneer making a proclamation.
3. Many people seemed to be assembling.
4. We shall need much money.
5. Who heard the purchaser questioning the schoolmaster?
6. The schoolmaster abstains from living animals.
7. We ought to write.
8. You ought to go home.
9. Did you (*plural*) see the slaves whom the auctioneer was selling?
10. Did you (*plural*) see the slaves who were being sold by the auctioneer?

B.

1. You will never suffer headache.
2. Did you bid in the auction?
3. The boys will not delay.
4. If you (*plural*) write badly the master will be angry.
5. He enjoys good food.
6. We saw the tight-rope walker walking along a rope.
7. The master sees us writing these sentences.
8. We bid good-bye to the clients, the patron, and the phrenologist.
9. These sentences have been written by a clever boy.
10. You shall not see me writing any more.

PARS QUĀRTA

QUAESTIUNCULAE GRAMMATICAE

QUAESTIUNCULAE GRAMMATICAE

§ I.

1. Scrībe cāsum accūsātīvum singulāriter et plūrāliter hōrum nōminum: capillus, fenestra, pēs, iānua, digitus, nāsus, caput, magister, verbum, puer.
2. Scrībe cāsum genitīvum et singulāriter et plūrāliter eōrundem nōminum.
3. Scrībe cāsum datīvum et singulāriter et plūrāliter eōrundem nōminum.
4. Scrībe cāsum ablātīvum et singulāriter et plūrāliter eōrundem nōminum.
5. Scrībe tempus praesēns hōrum verbōrum: pulsō, doceō, surgō, aperiō.
6. Scrībe imperātīvum modum et singulāriter et plūrāliter eōrundem verbōrum.
7. Scrībe īnfīnītīvum modum eōrundem verbōrum.
8. Dēclīnā haec nōmina et singulāriter et plūrāliter: crēta, nāsus, pēs, caput.
9. Scrībe accūsātīvum cāsum omnium generum et singulāriter et plūrāliter hōrum adiectīvōrum: māgnus, albus, niger, miser.
10. Scrībe cāsum genitīvum et singulāriter et plūrāliter eōrundem adiectīvōrum.
11. Scrībe cāsum datīvum et singulāriter et plūrāliter eōrundem adiectīvōrum.
12. Scrībe cāsum ablātīvum et singulāriter et plūrāliter eōrundem adiectīvōrum.
13. Scrībe cāsum nōminātīvum et singulāriter et plūraliter eōrundem adiectīvōrum.
14. Dēclīnā eadem adiectīva et singulāriter et plūrāliter.

§ II.

1. Scrībe cāsum accūsātīvum omnium generum (et sing. et pl.) hōrum prōnōminum: quī, is, alius, īdem, ille.
2. Scrībe cāsum genitīvum (sing. et pl.) omnium generum eōrundem prōnōminum.
3. Scrībe cāsum datīvum (sing. et pl.) omnium generum eōrundem prōnōminum.
4. Scrībe cāsum ablātīvum (sing. et pl.) omnium generum eōrundem prōnōminum.
5. Dēclīnā (sing. et pl.) eadem prōnōmina.
6. Scrībe cāsum accūsātīvum (sing. et pl.) hōrum nōminum: digitus, iānua, īnstrūmentum, arbor, frōns.
7. Scrībe cāsum genitīvum (sing. et pl.) eōrundem nōminum.
8. Scrībe cāsum datīvum (sing. et pl.) eōrundem nōminum.
9. Scrībe cāsum ablātīvum (sing. et pl.) eōrundem nōminum.
10. Dēclīnā (sing. et pl.) eadem nōmina.
11. Scrībe tempus praesēns hōrum verbōrum: laudō, sedeō, tangō, audiō.
12. Scrībe modum imperātīvum (sing. et pl.) eōrundem verbōrum.
13. Scrībe modum īnfīnītīvum eōrundem verbōrum.
14. Scrībe cāsum accūsātīvum (sing. et pl.) omnium generum hōrum adiectīvōrum: parvus, bonus, pulcher.
15. Scrībe cāsum genitīvum (sing. et pl.) omnium generum eōrundem adiectīvōrum.
16. Scrībe cāsum datīvum (sing. et pl.) omnium generum eōrundem adiectīvōrum.
17. Scrībe cāsum ablātīvum (sing. et pl.) omnium generum eōrundem adiectīvōrum.
18. Dēclīnā (sing. et pl.) eadem adiectīva.

§ III.

1. Quī sunt gradūs comparātiōnis hōrum adiectīvōrum: sapiēns, fortis, altus, difficilis, audāx?
2. Scrībe cāsum accūsātīvum (sing. et pl.) omnium generum hōrum adiectīvōrum: omnis, sapiēns, altior, facilis, prōcērior.
3. Scrībe cāsum genitīvum (sing. et pl.) omnium generum eōrundem adiectīvōrum.
4. Scrībe cāsum datīvum (sing. et pl.) omnium generum eōrundem adiectīvōrum.
5. Scrībe cāsum ablātīvum (sing. et pl.) omnium generum eōrundem adiectīvōrum.
6. Dēclīnā (sing. et pl.) eadem adiectīva.
7. Scrībe tempus praesēns hōrum verbōrum: sum, possum.
8. Scrībe cāsum accūsātīvum (sing. et pl.) hōrum nōminum: pater, mīles, patria, aenigma, seges.
9. Scrībe cāsum genitīvum (sing. et pl.) eōrundem nōminum.
10. Scrībe cāsum datīvum (sing. et pl.) eōrundem nōminum.
11. Scrībe cāsum ablātīvum (sing. et pl.) eōrundem nōminum.
12. Dēclīnā (sing. et pl.) eadem nōmina.
13. Scrībe cāsum accūsātīvum (sing. et pl.) hōrum: discipulus sapientior, avunculus audāx, homo prūdēns, seges bona, mōns altus.
14. Scrībe cāsum datīvum (sing. et pl.) eōrundem.

§ IV.

1. Quid est participium praesēns hōrum verbōrum: pulsō, sedeō, surgō, aperiō?
2. Scrībe cāsum accūsātīvum (sing. et pl.) participiī praesentis eōrundem verbōrum.
3. Scrībe cāsum genitīvum (sing. et pl.) participiī praesentis eōrundem verbōrum.

4. Scrībe cāsum datīvum (sing. et pl.) participiī praesentis
   eōrundem verbōrum.
5. Scrībe cāsum ablātīvum (sing. et pl.) participiī praesentis
   eōrundem verbōrum.
6. Dēclīnā (sing. et pl.) eadem participia.
7. Scrībe cāsum accūsātīvum (sing. et pl.) hōrum nōminum:
   mīles, galea, corpus.
8. Scrībe cāsum genitīvum (sing. et pl.) eōrundem nōminum.
9. Scrībe cāsum datīvum (sing. et pl.) eōrundem nōminum.
10. Scrībe cāsum ablātīvum (sing. et pl.) eōrundem nōminum.
11. Dēclīnā (sing. et pl.) eadem nōmina.
12. Scrībe tempus praesēns hōrum verbōrum: habeō, volnerō,
    interficiō.
13. Scrībe cāsum accūsātīvum (sing. et pl.) omnium generum
    hōrum prōnōminum: alter, uter, ipse, alius, quī.
14. Scrībe cāsum genitīvum (sing. et pl.) omnium generum
    eōrundem prōnōminum.
15. Scrībe cāsum datīvum (sing. et pl.) omnium generum
    eōrundem prōnōminum.
16. Scrībe cāsum ablātīvum (sing. et pl.) omnium generum
    eōrundem prōnōminum.
17. Dēclīnā (sing. et pl.) eadem prōnōmina.
18. Scrībe cāsum accūsātīvum (sing. et pl.) hōrum: mīles
    armātus, toga alba, corpus māgnum, pectus lātum,
    gladius ūtilis.
19. Scrībe cāsum genitīvum (sing. et pl.) eōrundem.

§ V.

1. Quī sunt gradūs comparātiōnis hōrum adiectīvōrum:
   bonus, malus, viridis, lapidōsus, māgnus?
2. Scrībe cāsum accūsātīvum (sing. et pl.) hōrum nōminum:
   salūtātor, patrōnus, sportula, caulis, vēritās.
3. Scrībe cāsum genitīvum (sing. et pl.) eōrundem nōminum.

4. Scrībe cāsum datīvum (sing. et pl.) eōrundem nōminum.
5. Scrībe cāsum ablātīvum (sing. et pl.) eōrundem nōminum.
6. Dēclīnā (sing. et pl.) eadem nōmina.
7. Scrībe tempus praesēns hōrum verbōrum: accipiō, dūcō, abeō, dormiō, ardeō.
8. Quid est participium praesēns eōrundem verbōrum?
9. Scrībe cāsum accūsātīvum (sing. et pl.) participiī praesentis eōrundem verbōrum.
10. Scrībe cāsum genitīvum (sing. et pl.) participiī praesentis eōrundem verbōrum.
11. Scrībe cāsum datīvum (sing. et pl.) participiī praesentis eōrundem verbōrum.
12. Scrībe cāsum ablātīvum (sing. et pl.) participiī praesentis eōrundem verbōrum.
13. Dēclīnā (sing. et pl.) participium praesēns eōrundem verbōrum.
14. Scrībe cāsum nōminātīvum (omnium generum) comparātīvī gradūs hōrum adiectīvōrum: bonus, fortis, sapiēns, stultus, tardus.
15. Scrībe cāsum accūsātīvum (sing. et pl.) hōrum: gallus cantāns, cliēns bonus, salūtātor laetus, pānis lapidōsus, caulis viridis.
16. Scrībe cāsum datīvum (sing. et pl.) eōrundem.

§ VI.

1. Scrībe tempus praesēns hōrum verbōrum: adferō, agō, sum, dō, habeō.
2. Scrībe tempus perfectum eōrundem verbōrum.
3. Scrībe cāsum accūsātīvum (sing. et pl.) hōrum nōminum: liber, caput, umerus, tumor, physiōgnōmōn, auris.
4. Scrībe cāsum genitīvum (sing. et pl.) eōrundem nōminum.
5. Scrībe cāsum datīvum (sing. et pl.) eōrundem nōminum.
6. Scrībe cāsum ablātīvum (sing. et pl.) eōrundem nōminum.

7. Dēclīnā (sing. et pl.) eadem nōmina.

8. Scrībe cāsum accūsātīvum (sing. et pl.) omnium generum hōrum prōnōminum: ille, quī, quisque, īdem, alius.

9. Scrībe cāsum genitīvum (sing. et pl.) omnium generum eōrundem prōnōminum.

10. Scrībe cāsum datīvum (sing. et pl.) omnium generum eōrundem prōnōminum.

11. Scrībe cāsum ablātīvum (sing. et pl.) omnium generum eōrundem prōnōminum.

12. Dēclīnā (sing. et pl.) eadem prōnōmina.

13. Quid est īnfīnītīvus praesēns hōrum verbōrum: sentiō, expellō, adferō, sum?

14. Scrībe cāsum accūsātīvum (sing. et pl.) hōrum: puer lūdēns, physiōgnōmōn prōcērus, pater saevus, discipulus sapiēns, homo benīgnus.

15. Scrībe cāsum ablātīvum (sing. et pl.) eōrundem.

§ VII.

1. Scrībe tempus perfectum hōrum verbōrum: discō, rīdeō, dēpellō, iubeō, faciō.

2. Scrībe tempus praesēns eōrundem verbōrum.

3. Scrībe cāsum accūsātīvum (sing. et pl.) omnium generum hōrum adiectīvōrum: fēlīx, miser, omnipotēns, tālis.

4. Scrībe cāsum genitīvum (sing. et pl.) omnium generum eōrundem adiectīvōrum.

5. Scrībe cāsum datīvum (sing. et pl.) omnium generum eōrundem adiectīvōrum.

6. Scrībe cāsum ablātīvum (sing. et pl.) omnium generum eōrundem adiectīvōrum.

7. Dēclīnā (sing. et pl.) eadem adiectīva.

8. Scrībe cāsum accūsātīvum (sing. et pl.) hōrum: tumor māgnus, discipulus rīdēns, puer fēlīx, homō miser, assentātor stultus.

9. Scrībe cāsum genitīvum (sing. et pl.) eōrundem.

§ VIII.

1. Scrībe tempus futūrum hōrum verbōrum: frequentō, prōmīttō, faciō, iubeō, surgō, possum, scrībō.
2. Scrībe tempus praesēns eōrundem verbōrum.
3. Scrībe tempus perfectum eōrundem verbōrum.
4. Scrībe cāsum accūsātīvum (sing. et pl.) hōrum: ars grammatica, caput māgnum, prōmīssor stultus, pater benīgnus, discipulus ille.
5. Scrībe cāsum ablātīvum (sing. et pl.) eōrundem.

§ IX.

1. Scrībe cāsum accūsātīvum (sing. et pl.) hōrum nōminum: rēx, occāsiō, comes, mōs, fera, tergum, pecus, frīgus.
2. Scrībe cāsum genitīvum (sing. et pl.) eōrundem nōminum.
3. Scrībe cāsum datīvum (sing. et pl.) eōrundem nōminum.
4. Scrībe cāsum ablātīvum (sing. et pl.) eōrundem nōminum.
5. Dēclīnā (sing. et pl.) eadem nōmina.
6. Scrībe tempus imperfectum hōrum verbōrum: cupiō, dō, cōnferō, ārdeō.
7. Scrībe tempus perfectum eōrundem verbōrum.
8. Scrībe tempus futūrum eōrundem verbōrum.
9. Scrībe cāsum accūsātīvum (sing. et pl.) hōrum: hīc rēx, comes bonus, vēnātor quisque, equus ferōx, pugiō acūtus.
10. Scrībe cāsum genitīvum (sing. et pl.) eōrundem.

§ X.

1. Scrībe tempus imperfectum hōrum verbōrum: induō, labōrō, quaerō, veniō, bibō.
2. Scrībe tempus futūrum eōrundem verbōrum.

3. Dēclīnā (sing. et pl.) comparātīvum gradum hōrum adiectīvōrum: māgnus, malus, altus, bonus, facilis.
4. Scrībe accūsātīvum cāsum (sing. et pl.) hōrum nōminum: ientāculum, porcīna, puls, māter, pānis.
5. Scrībe genitīvum cāsum (sing. et pl.) eōrundem nōminum.
6. Scrībe datīvum cāsum (sing. et pl.) eōrundem nōminum.
7. Scrībe ablātīvum cāsum (sing. et pl.) eōrundem nōminum.
8. Dēclīnā (sing. et pl.) eadem nōmina.
9. Scrībe cāsum accūsātīvum (sing. et pl.) hōrum: mātrōna senīlis, canis iēiūnus, puer aegrōtāns, umbra māior, māter benīgna.
10. Scrībe cāsum datīvum (sing. et pl.) eōrundem.

§ XI.

1. Scrībe accūsātīvum cāsum (sing. et pl.) hōrum nōminum: silva, arbōs, pōns, mōnstrum, lītus.
2. Scrībe genitīvum cāsum (sing. et pl.) eōrundem nōminum.
3. Scrībe datīvum cāsum (sing. et pl.) eōrundem nōminum.
4. Scrībe ablātīvum cāsum (sing. et pl.) eōrundem nōminum.
5. Dēclīnā (sing. et pl.) eadem nōmina.
6. Scrībe cāsum accūsātīvum (sing. et pl.) hōrum: pōns māgnus, piscātor prōcērus, hortus fertilis, torrēns rapidus.

§ XII.

1. Scrībe accūsātīvum cāsum (sing. et pl.) hōrum nōminum: anus, rēs, vultus, cornū, manus, diēs, aspectus.
2. Scrībe genitīvum cāsum (sing. et pl.) eōrundem nōminum.
3. Scrībe datīvum cāsum (sing. et pl.) eōrundem nōminum.
4. Scrībe ablātīvum cāsum (sing. et pl.) eōrundem nōminum.
5. Dēclīnā (sing. et pl.) eadem nōmina.

6. Scrībe tempus futūrum hōrum verbōrum: iaciō, iaceō, cubō.
7. Scrībe cāsum accūsātīvum (sing. et pl.) hōrum: portus māgnus, rēs terribilis, mare tumidum, nāvis longa, homō sapiēns.
8. Scrībe cāsum ablātīvum (sing. et pl.) eōrundem.

§ XIII.

1. Scrībe tempus plūsquam perfectum hōrum verbōrum: edō, cōnsūmō, rēpō, pōnō, dō.
2. Scrībe tempus imperfectum eōrundem verbōrum.
3. Scrībe cāsum accūsātīvum (sing. et pl.) hōrum nōminum: mūs, fēlēs, gallus, cornū, sacerdōs.
4. Scrībe cāsum genitīvum (sing. et pl.) eōrundem nōminum.
5. Scrībe cāsum datīvum (sing. et pl.) eōrundem nōminum.
6. Scrībe cāsum ablātīvum (sing. et pl.) eōrundem nōminum.
7. Dēclīnā (sing. et pl.) eadem nōmina.
8. Dēclīnā (sing.) haec prōnōmina: hīc, quis, ille, ipse, alter.
9. Scrībe cāsum accūsātīvum (sing. et pl.) hōrum: mūs parvus, bōs māgnus, cornū tortum, virgō misera, iuvenis sordidus.
10. Scrībe cāsum datīvum (sing. et pl.) eōrundem.

§ XIV.

1. Scrībe tempus futūrum et perfectum hōrum verbōrum: excitō, aperiō, dīcō, moneō, surgō.
2. Scrībe tempus futūrum eōrundem verbōrum.
3. Scrībe cāsum accūsātīvum (sing. et pl.) hōrum: dolus crūdēlis, nox tenebricōsa, iter longum, cruciātus sevērus, animus fidēlis.
4. Scrībe cāsum genitīvum (sing. et pl.) eōrundem.

§ XV.

1. Scrībe cāsum locātīvum hōrum nōminum: Rōma, Corinthus, Carthāgō, Gādēs, Athēnae.
2. Scrībe cāsum genitīvum eōrundem nōminum.
3. Scrībe cāsum datīvum eōrundem nōminum.
4. Scrībe tempus futūrum et perfectum hōrum verbōrum: teneō, volō (-āre), volō (velle), contendō, eō.
5. Scrībe tempus praesēns eōrundem verbōrum.
6. Scrībe tempus futūrum eōrundem verbōrum.
7. Scrībe cāsum accūsātīvum (sing. et pl.) hōrum: penna ūtilis, īgnis māgnus, servus fidēlis, urbs pulchra, puer fortis.
8. Scrībe cāsum datīvum (sing. et pl.) eōrundem.

§ XVI.

1. Scrībe tempus praesēns passīvē hōrum verbōrum: pulsō, teneō, tollō, aperiō.
2. Scrībe tempus futūrum passīvē eōrundem verbōrum.
3. Scrībe tempus imperfectum passīvē eōrundem verbōrum.
4. Scrībe cāsum accūsātīvum (sing. et pl.) hōrum nōminum: canis, hortus, manus, cūstōs, liber.
5. Scrībe cāsum genitīvum (sing. et pl.) eōrundem nōminum.
6. Scrībe cāsum datīvum (sing. et pl.) eōrundem nōminum.
7. Scrībe cāsum ablātīvum (sing. et pl.) eōrundem nōminum.
8. Dēclīnā (sing. et pl.) eadem nōmina.
9. Scrībe cāsum accūsātīvum (sing. et pl.) hōrum: canis rabidus, dominus crūdēlis, cūstōs ipse, liber hīc, fossa illa.
10. Scrībe cāsum genitīvum (sing. et pl.) eōrundem.

§ XVII.

1. Scrībe tempus perfectum passīvē hōrum verbōrum: pulsō, teneō, tollō, aperiō.
2. Scrībe tempus futūrum et perfectum passīvē eōrundem verbōrum.
3. Scrībe tempus plūsquam perfectum passīvē eōrundem verbōrum.
4. Scrībe cāsum accūsātīvum (sing. et pl.) hōrum: vestis pulchra, ōrnāmentum ūtile, rēx bonus, ars difficilis, magister crūdēlis.

§ XVIII.

1. Scrībe tempus praesēns passīvē hōrum verbōrum: ferō, audiō, vocō, moneō.
2. Scrībe tempus futūrum passīvē eōrundem verbōrum.
3. Scrībe tempus imperfectum passīvē eōrundem verbōrum.
4. Scrībe tempus perfectum passīvē eōrundem verbōrum.
5. Scrībe tempus futūrum et perfectum passīvē eōrundem verbōrum.
6. Scrībe tempus plūsquam perfectum passīvē eōrundem verbōrum.
7. Scrībe tempus praesēns hōrum verbōrum dēpōnentium: moror, liceor, morior, prōgredior, polliceor, fruor.
8. Scrībe tempus futūrum eōrundem verbōrum.
9. Dēclīnā (sing.) haec prōnōmina: hīc, is, quī, ego, tū.
10. Dēclīnā (sing.) haec nōmina: tempus, ars, īgnis, aspectus, rēs.
11. Dēclīnā (sing. et pl.) haec adiectīva: trīstis, niger, sapiēns, loquāx, benīgnus.
12. Scrībe cāsum genitīvum (sing. et pl.) hōrum: mīles māgnus, magister sapiēns, rēs parva, puer loquāx, portus ūtilis.
13. Scrībe cāsum accūsātīvum (sing. et pl.) eōrundem.
14. Scrībe cāsum datīvum (sing. et pl.) eōrundem.

CARMINA

Tune: *Oats and beans and barley grow.*

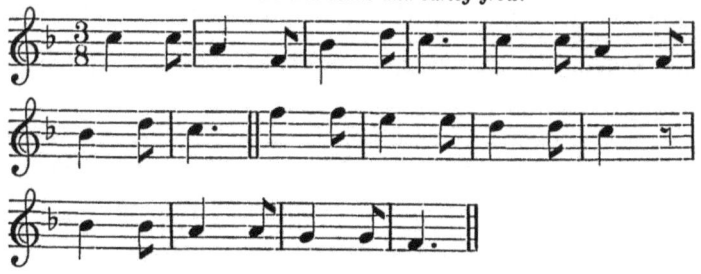

Crescit hordeī seges,
crescit ē solō faba;
quō tamen fit hōc modō?
nesciō, latet, fugit.

Prīmo arat colōnus et
spargit inde sēmina:
tum stat ōtiōsior
tripudium pedēs agunt.

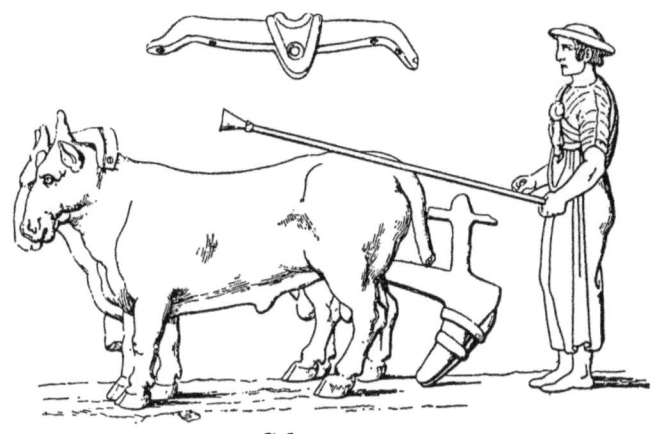

Colōnus arat

Crescit hordeī seges,
crescit ē solō faba;
quō tamen fit hōc modō?
nesciō, latet, fugit.

TUNE: *There was a lady loved a swine.*

Hera et hara

Dīc, amābō, quem locum,
Ō corculum,
praeter omnēs dīligis?
Hunc, hunc, āit hīc.

tū libēns ergō petis,
Ō corculum,
hanc haram tam sordidam?
Hanc, hanc, āit hīc.

sī latēbrās dēstruam,
Ō corculum,
quō pedem tandem ferēs?
Hinc, hinc, āit hīc.

Tune: *London's Burning.*

Urbis ārdent tēcta Rōmae,
ferte fontēs, ferte rīvōs,
ēn flammās, ēn flammās!
tēcta Rōmae dant ruīnās.

imperātōrem Nerōnem
in Palātīnō sedentem
aspectās, aspectās,
ēn Nerō, quī dulce cantat!

Christiānōs ad leōnēs!
māchinātōrēs malōrum!
fēstīnā, fēstīnā,
et ferīs dā mox sagīnam!

ITALIAN AIR: *Chicchirichi.*

Cocococō! cocococō!
Ō galle, cur canis tū, canis tū, canis tū,
sonō replēns locum?
Aurōra nunc venit, nox atra diffugit,
Cocococō, cocococō.

Cocococō, cocococō!
Ō galle, cur canis tū, canis tū, canis tū,
sonō replēns locum?
appāret ex marī sōl ipse lūcidus,
Cocococō, cocococō.

Cocococō, cocococō!
Ō galle, cur silēs tū, silēs tū, silēs tū,
nec ōre dās sonum?
quandō venit diēs dūrus venit labor,
Cocococō, cocococō.